놀이와 게임

학교 안 놀이 자습서!

학교 안 놀이 지습서!

놀이와 게임

김상목 · 남윤제 · 최정수 · 서정봉 · 이은명

START →

도서출판
수류화개

놀이와 게임을 기술하며

아이들의 시간은 공부 시간과 노는 시간으로 구성된다. 공부 시간은 선생님 말씀을 집중하여 듣고 배워야 하는 다소 힘든 시간이고, 노는 시간은 공부를 하지 않아도 되는 기다려지는 시간이다. 그래서 공부를 해야 하는 학교에 가는 것을 아이들이 행복하지 않게 느끼는 것이다. 이를 개선하기 위하여 학교에 놀이를 적극적으로 도입하려는 노력을 하고 있다.

최근 놀이에 대한 관심이 높아져 교과별로 놀이를 주제로 한 책들이 앞다투어 출판되고 있다. 물론 전부터 놀이와 게임, 교육에 관한 연구와 정책이 추진되고 있지만, 지금처럼 교육과정, 공간, 법령 등을 통하여 여러 방면에서 놀이에 대한 관심이 높아지고 있는 것은 처음이다. 심지어 3~5세 유아를 위한 국가수준의 공통교육과정인 '2019 개정 누리과정'은 놀이중심교육과정을 추구하며 놀이로 교육할 것을 명시하고 있다.

또한 국가법령정보센터에 있는 조례에는 놀이시설 안전관리 지원

조례, 아동의 놀 권리 보장을 위한 조례, 어린이 놀이시설 안전관리 지원 조례 등 자치법규 510건이 운영되고 있으며, 지역마다 차이는 있지만 공문과 지침 등으로 학교교육과정 운영에 30분 이상 놀이시간을 확보할 것을 요구하고 있다. 이는 놀이가 학생들에게 교육적 가치가 크다는 것을 보여주는 것이다.

그로 인하여 학교에서의 모든 활동에 놀이가 접목되고 있다. 예를 들어 두뇌 계발을 위한 보드게임, 수학에서 수 놀이 활동, 다양한 리듬 악기를 활용한 음악 놀이, 놀이로 구성되는 놀이 체육수업 등이 활발하게 운영되고 있다. 이를 통해 아이들은 수업 시간을 재미있게 느끼고 학습 효과도 높아지며 인지적, 정의적, 신체적 성장을 한다. 특히 친구들과 어울리며 타인을 이해하고 배려하는 인간관계역량이 발달한다. 또 장소와 상황에 따라 수시로 변하는 놀이와 놀이 규칙은 준법성과 창의성 그리고 사회성 등 민주시민역량도 기를 수 있다.

하지만 놀이가 학교의 문제를 모두 해결해 줄 수 없다. 놀이는 아이들이 일상생활 속에서 사람들과 어울려 즐거움을 추구하는 모든 활동을 말한다. 반면에 교육의 목적은 즐거움의 추구가 아니라 국가와 사회가 요구하는 인재의 양성이기에, 교육과 놀이는 공존하기에 다소 거리가 있는 개념이다. 그러므로 학교는 놀이를 가르치는 것이 아니라 교육을 놀이처럼 해야 하는 것이다.

놀이를 통하여 아이들의 신체적 욕구를 충족하고 억눌린 스트레스를 풀어줄 수 있는 환경을 조성하여, 학습하고 자신의 꿈을 키워나갈 수 있는 힘을 키워주는 것이 교육에서 놀이를 활용하는 목적이다. 그러므로 교사에게는 공부를 놀이처럼 하고 놀이를 통해 공부를 더 재미있고 효과적으로 할 수 있도록 교육과정을 운영할 수 있는 능력이 요구된다.

이 책에서는 교육적 목적을 위하여 놀이와 게임을 운영하는 구체적인 방법을 안내하고자 하였다. 이에 학교 운동장과 놀이터, 자투리 공간 곳곳에 그려져 있는 전통놀이를 소개하였고, 학기초 학생들과

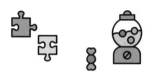

학급규칙을 세우고 학습 준비를 위한 활동으로 유용한 교실 놀이를 소개하였다. 또한 체육교과를 중심으로 놀이에서 발전된 게임 활동을 소개하여 학생들의 창의적 사고력과 문제해결능력을 키워주도록 하였다.

이 책을 통하여 학생 스스로 공부하고 친구들과 또래 공감능력을 키우며 타인에 대한 배려의식을 키우고 상상력과 창의력을 키울 수 있도록 하여 체험과 놀이 중심의 공동체 문화 정착에 기여하고 놀이 교육 활성화에 조금이나마 보탬이 되길 바란다.

III 교실
놀이

IV 바른 경쟁을 배우는
체육 게임

I

놀이와 게임에
대한 이해

1. 놀이와 게임의 개념

가. 공부와 놀이의 관계: 교육을 위한 놀이

　놀이는 일과 대비되는 개념이다. 인간의 생존과 관련이 있는 활동과 일을 제외한 신체적이고 정신적인 모든 활동은 놀이이고, 생존에 직접적인 관련이 있는 자고 먹는 일과 일정한 목적 달성을 위하여 고통을 참아가며 제약된 상황에서 수행하는 활동은 일이다(한국민족문화대백과, 2022.10.15.). 아이들의 삶에서 놀이는 무엇일까?

　한 아이가 텅빈 운동장에서 아빠와 열심히 축구를 하고 있다. 과연 이 아이는 놀이를 하고 있는 것인가? 만일 이 아이가 아빠를 졸라서 축구를 하고 있다면 공놀이를 한다고 볼 수 있다. 하지만 축구 선수로서 기술을 향상시키기 위하여 아빠의 지도를 받고 있다면 개인 훈련이라고 볼 수 있을 것이다. 즉 일이다.

　프뢰벨, 실러, 가비, 라자루스, 듀이, 노이만, 파아제 등 많은 학자들이 놀이의 개념을 정의하였는데 즐거움, 여가 시간, 무목적성, 자유로움 등이 공통적인 요인으로 포함된다. 특히 인간을 유희적 존재(Homo

Ludens)로 지칭한 호이징가는 놀이에 대한 정의로 자유로움, 비현실성, 비생산성, 한정된 시간과 공간, 일정한 법칙과 공동체적 규범 등을 언급하였다. 유엔 아동권리위원회에서는 어린이 스스로 조절하고 시도한다는 자발성을 강조하며 목표를 설정하지 않고 비생산적인 활동을 하면서 얻는 즐거움을 놀이라고 정의하였다.

갓 태어난 인간에게는 모든 것이 놀이다. 자신이 하고 싶은 대로 하려고 노력하고 모두가 이를 도와준다. 하지만 사회로 진입을 하게 되면서 사회에서 필요로 하는 것을 학습해야 하는 입장이 되었다. 〈그림 1〉처럼 사회화가 진행될수록 놀이의 비중이 줄고 일의 비중이 높아진다. 그리고 일을 더 많이 하는 사람이 칭찬을 받게 된다.

아이들의 삶에서 일의 개념은 공부라고 볼 수 있다. 학교 수업, 숙제, 학원, 심지어 자신의 꿈을 위한 노력 과정 역시 일인 것이다. 사회적인 성공을 위하여 놀이를 더 줄인 아이들을 칭찬하고, 아이들은 칭찬이라는 보상에 의해 놀이를 포기하고 하면 안되는 것으로 오해하기도 한다.

이렇게 어른이 된 아이들은 즐거움을 덜 느껴야 성실하게 사는 것으로 생각하며 삶에 부정적인 태도를 갖게 된다. 결국 행복한 삶을 추구하지 못하고 은퇴 후의 행복한 삶을 꿈꾸게 되는 것이다.

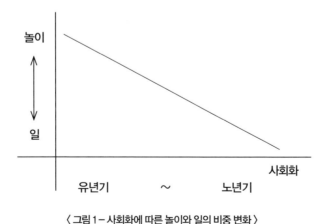

〈 그림 1 – 사회화에 따른 놀이와 일의 비중 변화 〉

목적 달성을 위하여 고통을 참아가며 제약된 상황을 견뎌야 하기에 아이들은 공부를 싫어하게 된다. 자발성과 즐거움의 속성으로 인하여 억지로 하는 고통스러운 행동은 모두 공부라고 생각하고 자신이 하고 싶은 재미있는 일은 놀이라고 인식하게 된다.

이 속성을 주목할 필요가 있다. 사회화는 분명히 필요하고 학교는 사회화에 가장 중추적인 역할을 하는 곳이다. 이제는 놀이와 일(공부)이 구분되는 것이 아니라 놀이의 속성을 유지하여 공부를 하도록 하고 놀이를 통해 중요한 지식을 익히도록 할 필요가 있다. 교육을 위한 놀이의 개념에 주의를 기울여야 한다. 아이들이 놀면서 역량을 쌓도록 하고 이들에게 역량을 기르는 과정이 즐겁다는 인식을 심어주어야 한다. 공부에 즐거움을 느낀 아이는 놀이와 구분이 모호해지며 자발적이고 열정적인 태도로 자신의 역량을 기르게 된다.

현대 사회는 자신의 일을 즐기는 사람을 요구하고 있다. 자신이 좋아하는 일을 열정적으로 즐기는 사람이 성공하는 사회가 되었다. 자신이 좋아하는 일을 하기에 많은 고난을 이겨내고 높은 집중력을 보이며 생산성을 증대시키는 것이다.

교육을 위한 놀이는 교육의 목적 달성을 위하여 공부와 놀이를 분리하지 않는 것이다. 공부의 과정에 놀이의 요소를 적극적으로 도입하고, 놀이를 통해 역량을 강화하도록 만드는 놀이의 탈을 쓴 공부인 것이다.

나. 놀이와 게임의 관계

학교 현장에서 놀이와 게임은 유사한 의미로 사용된다. 놀이 안에 술래잡기 놀이, 축구 게임, 보드게임, 마피아 게임, 스마트폰 게임 등이 포함된다. 놀이와 게임은 약간의 상이한 개념으로 그 경계가 모호하기에 엄밀하게 구분하기 어렵지만 교육의 관점에서 놀이와 게임의 개념을 살펴볼 필요가 있다.

놀이는 매우 범위가 큰 개념이다. 일상 생활을 위한 일을 제외한 모든 것을 놀이로 볼 수 있기 때문이다. 호이징가는 놀이가 문화에 속한 것이 아니라 놀이가 문화를 만든다고 하였다. 태초에 인간이 에덴동산에서 창조되었을 때부터 인간은 생존을 위한 일보다 놀이의 시간이 더 많았을 것이다. 비록 노동의 벌을 받게 되지만 하나님은 인간들에게 즐겁고 창조적인 많은 것들을 허락하셨다. 실제로 문화의 많은 부분을 차지하는 시, 음악, 미술, 춤 등 예술이 생산성을 위하여 시작되지는 않았다.

게임은 놀이에서 더 진보된 개념으로 보는 것이 학계의 보편적인 입장이다. 놀이가 다양한 문화를 생산하고 발전시켜가며 경쟁의 요소가 크게 포함된 놀이는 게임의 형태로 변형된 것이다. 놀이를 여러 명이 즐기다가 경쟁의 요소가 결합되기 시작된 것이다. 더 많은 사람들이 경쟁을 하다 보니 우열을 가릴 수 있는 규칙(방법, 시간, 장소, 용구 등의 약속)이 필요하게 된 것이다. 운보다 기술이 결과에 미치는 영향이 커지게 된 것도 게임의 특성이다. 이 중에서 신체활동과 관련이 크며 인기가 높은 게임은 스포츠로 발전이 되고 특정 단체에 의해 관리된다.

현대에는 정보통신의 발달로 새로운 형태의 게임이 등장하였다. 정보통신 분야를 우리의 현실 세계와 다른 세계로 인식하면 놀이의 발전 과정이 더 쉽게 이해가 될 것이다. 정보통신이 발달하며 재미를 위해 개발된 다양한 놀이가 경쟁의 요소와 결합되며 게임이 되고 특정 단체에 관리를 받는 e-스포츠의 형태로 발전이 되었다. 최근에는 메타버스 등 더욱 획기적인 새로운 세상(멀티버스)의 개발로 다양한 놀이와 게임이 등장하게 되었다. 새로운 세상에서도 문화를 이끌어 가는 것은 인간의 유희성에 의한 놀이이다.

다. 문화적 관점에서의 놀이

민속놀이 또는 전통놀이로 불리며 전승되는 놀이에 관심이 높아지고 있다. 운동회에도 민속놀이 체험 형태로 운영이 되고 학교의 곳곳에 사방치기 등을 할 수 있는 공간이 만들어지고 있다.

민속놀이와 전통놀이는 유사한 뜻으로 사용되지만 상이한 의미가 있다. 민속놀이는 주로 민간에서 행히진 고무줄놀이, 깡통차기 등을 의미하고 이와 대립되는 개념으로 칠교, 바둑 등 궁중과 양반들이 주로 즐긴 놀이가 있다. 전통놀이는 여러 놀이 중에 가치가 있는 윷놀이 차전놀이, 강강술래 등이 포함된다. 참고로 시대적 기준으로 살펴보면 1945년 이전을 전통 사회로 보기에 광복 이후의 시기에 주로 행해지던 민속놀이를 전통놀이로 보는 것 또한 타당하지 않은 분류이다.

전통놀이는 수 많은 놀이 중에서 오랜 세월을 거쳐 선택되고 발전되어 우리에게 전해진 역사를 지니고 있다. 이 과정에서 전통 사회의 신념과 가치, 민족성이 놀이에 깊게 스며들게 되었다. 조상들의 생활 습관과 세시풍속, 가치관 등을 경험할 수 있으며 지역적 문화 특성도 파악할 수 있다. 또한 후세를 위하여 전승할 가치가 있다고 판단된 놀이이기 때문에 교육적 가치가 높은 특성도 있다.

민속놀이 역시 그 시대의 생활 모습을 반영한 형태로 행해졌기 때문에 교육적 가치가 높지 않더라도 문화를 이해할 수 있는 역사적 가치가 높다고 할 수 있다. 특정 민속놀이는 전승 과정에서 가치가 더해지면 전통놀이로 격상될 수도 있을 것이다.

2. 놀이와 게임의 교육적 가치

　인간의 인지 발달에 놀이는 매우 중요한 가치를 지닌다. 피아제, 비고츠키, 부르너는 공통적으로 놀이와 인간의 인지 발달이 밀접하게 연관되어 있으며 놀이가 창의성을 높인다고 하였다. 다양한 연구결과를 통해 놀이와 게임이 인지적, 정의적, 심동 영역에 긍정적인 영향을 준다.

　인지적 측면에서 놀이는 인지적 발달을 위한 기초를 다지게 하고 언어 발달을 촉진하며 창의성을 높인다. 아이들은 놀이를 통해 자신을 탐구하고 자신을 실제 세계에 적응시킨다. 놀이 과정에서 언어를 통한 소통의 기회가 많아 언어 발달을 촉진하며 놀이를 함께 즐기기 위하여 가르치고 배우는 고차원적인 학습 경험을 하게 된다. 심지어 언어가 다르더라도 단순한 방법과 규칙을 가진 놀이를 매개체로 온몸을 활용한 소통 능력을 기르게 된다. 그리고 더 즐겁게 놀거나 게임에서 승리하기 위하여 다양한 창의적 사고를 한다. 놀이를 더욱 재미있게 발전시키거나 특정 상황에서 문제 해결을 위해 적극적으로 탐구하는 과정에서 창의성이 향상된다. 심지어 아무것도 없는 무료한 시간에서도 즐겁게 놀기 위하여 아이들은 상상력을 발휘한다.

정의적 측면에서 놀이는 즐거움을 통한 정서 순화의 효과가 있고 공동체 활동을 통한 사회성 발달의 가치를 가진다. 놀이는 즐거움을 준다. 여럿이 함께 움직이는 전통놀이와 게임 등에서는 정서를 더욱 강하게 표출할 수 있는 기회가 생긴다. 특정 활동을 통해 자신에 대한 만족감을 느끼고 불안 및 부정적 감정을 발산할 수 있다. 자신의 감정을 치유하고 타인의 감정을 수용할 수 있는 능력을 기르게 된다. 또한 친구들과 놀이하는 과정에서 협력, 소통, 존중, 정직, 절제 등의 사회적 가치를 익히게 된다. 자신이 더 재미있게 놀기 위하여 친구가 놀 수 있도록 도와주고 친구의 놀이 능력을 높여주려 노력한다. 놀이 방법과 규칙을 서로 알려주며 함께 즐길 수 있도록 놀이를 변형하고 규칙을 조율한다. 규칙을 스스로 지키려 하고 자신의 긍정적이거나 부정적인 감정을 친구가 허용하는 범위 내에서 표현하려 노력하게 된다. 때로는 잘못된 행동을 하지만 또 놀기 위하여 자신의 행동을 반성하고 친구와 화해하는 고차원적인 사회생활을 하게 된다.

놀이와 게임은 신체를 건강하게 자라게 하고 운동 능력을 향상시킨다. 특히 신체활동을 소재로 하는 놀이는 자유분방하고 활동적인 특성이 있어 온 몸을 규형있게 발달시킨다. 특히 대근육과 신경세포가 폭발적으로 발달하는 유아기 및 아동기에 놀이는 매우 큰 가치가 있다. 연을 날리기 위해 달리고 연의 수평을 잡기 위하여 손끝의 감각을 예민하게 활용한다. 제기차기를 위해 제기의 비행 궤적을 계산하고 낙하속도를 계산하여 타격 지점에 정확하게 발을 보내는 연습을 반복적으로 한다. 스포츠형 게임에서는 평생 체육을 즐기기 위한 다양한 스포츠 기술을 숙달하고 종합적인 수행 능력을 높이며 자신의 체력 한계를 극복하는 도전을 하기도 한다. 놀이와 게임에 지속적으로 참여함으로써 신체는 더욱 발달하게 된다.

3. 놀이와 게임을 수업에 적용하는 원리

　놀이와 게임이 아이들의 전인적 성장에 매우 도움이 된다는 연구결과는 매우 많고 현재도 지속적으로 발표되고 있다. 새로운 놀이와 게임도 활발하게 개발되고 있다. 따라서 놀이와 게임을 학교에서 더욱 적극적으로 활용해야 할 필요성이 있다.

　문제는 어떤 놀이를 어떻게 활용할지에 대한 것이다. 놀이와 게임이 학생들의 성장에 도움이 된다는 보편적인 생각만으로 무분별하게 수업에 투입하는 것은 맛있는 재료를 무작정 넣고 끓인 찌개와 같게 될 것이다. 단순하게 놀이의 본질에 맞게 놀이 자체만을 제공한다면 교사의 역할은 필요 없다. 그냥 다양한 놀이 환경만 제공하고 교사는 자리를 떠나 주는 것이 최고의 놀이 교육이 될 수 있다.

　학교에서의 놀이는 교육을 위한 놀이이다. 놀이가 목적이 아닌 교육이 목적이라는 말이다. 놀이는 교육의 목적을 달성하기 위한 방법이며 재료임을 잊지 말아야 한다. 이를 위한 몇 가지 원리를 제안한다.

가. 목적을 분명히 하라

놀이와 게임의 본질과 가치를 따져 선택하는 것이 매우 중요하다. 놀이나 게임마다 그것이 가지는 본질과 가치가 있다. 해당 활동을 문화적으로 배워야 한다면 본질을 추구해야 하고, 활동을 특정 문제 해결을 위하여 이용한다면 그 가치를 따져봐야 한다. 단순하게 재미를 추구하며 수업 시간을 채우기 위하여 선택하는 놀이는 가급적 지양해야 한다.

나. 학생에게 권한을 이양하라

놀이에서 가장 중요한 요소는 자발성과 유연성이다. 이를 위해서는 아이들이 놀이를 선택하고 운영할 수 있도록 권한을 이양해야 한다. 교육적 목적에 따라 가능한 놀이를 소개하거나 환경을 조성해 둠으로써 학생들이 스스로 놀이를 선택하였다는 인식을 갖게 해주면 교육적 목적과 학생의 선택권을 동시에 추구할 수 있게 된다. 놀이 과정에서 아이들이 놀이를 변형하더라도 큰 틀에서 본질과 가치를 훼손하지 않는다면 이를 허용해야 한다. 다만, 게임이라면 규칙의 변형 폭이 크지 않은 수준으로 제한할 필요가 있다.

다. 완벽한 환경은 완벽하지 않은 환경이다

놀이는 열악한 환경일수록 더 재미있어진다. 아이들의 창의성이 결

핍을 채우기 때문이다. 놀이 도구가 부족하다면 제작하거나 다른 도구를 응용하여 활용할 수 있다. 환경이 제한적이라면 허용 범위 안에서 방법과 규칙을 변형하여 놀이를 즐길 수 있다. 창의적인 사고는 놀이를 더욱 재미있게 만들어준다. 놀이 환경이 덜 갖추어졌다고 놀지 못하게 하는 것은 큰 실수이다.

라. 지속적이고 체계적인 계획이 필요하다

매일 놀아도 재미있다. 상당수의 교사나 부모는 아이들이 한 번 해본 놀이에 실증을 낼 것이라는 편견을 갖는다. 하지만 아이들은 자신이 흥미를 느낀 보드게임을 만나면 도구가 닳아 없어질 때까지 즐기고, 닳아 없어진 도구를 자신이 제작하여 논다. 목적에 맞게 적절하게 선택한 놀이와 게임을 지속적으로 제공해야 한다. 다만, 아이들의 학습 속도에 따라 수업의 목적에 맞게 수준을 높여주는 체계적인 교육과정 구성 능력이 필요하다.

마. 놀이에 대한 풍부한 지식을 갖추자

아이들에게 도움이 되는 놀이를 선택하기 위해서는 놀이에 대한 배경지식이 많을수록 좋다. 그러나 이보다는 몇 가지 가치있는 놀이와 게임을 깊게 알고 활용하는 것을 추천한다. 다양한 환경과 아이들의 수준에 따라 응용하고 발전시키는 능력이 중요하다. 수많은 놀이책을 살펴보더라도 실제로 활용하는 놀이가 몇 개 안된다는 것이 현실이다.

바. 신체활동을 강조하자

초등학생의 발달 단계를 고려한다면 온몸을 활용하여 움직이는 활동을 적극 활용해야 한다. 놀이와 게임이 인지적, 정의적 측면에 도움을 줄 수 있지만 심동 영역에서는 신체활동이 필수적이기 때문이다. 전인적 성장을 위해서 가능하면 신체활동이 활발하게 포함된 놀이와 게임을 활용하는 것이 교육적 효과를 높이는 방법이다.

사. 함께 즐길 수 있도록 하자

놀이와 게임은 함께 즐기기 때문에 사회성 발달에 효과적이다. 친한 친구와 자유롭게 즐기도록 하고 때로는 심리적 거리가 있는 친구와도 어울리도록 해야 한다. 놀이와 게임이라는 즐거운 활동이 매개가 되기 때문에 사회성을 기를 수 있는 좋은 기회가 된다. 자신과는 다른 생각과 성격을 가진 사람과도 적절하게 어울릴 수 있는 능력을 기르는 가장 좋은 방법은 어릴 때 이런 사람들과 자주 어울리는 것이다. 놀이와 게임이 여기에 큰 도움을 줄 수 있다.

START ➜

II

다시 새로움에
도전하는 전통놀이

1. 전통놀이를 준비해요

가. 놀이를 잃은 아이들

학기초에 기초생활조사를 해보면 학원을 3~4곳씩 다니는 아이들이 태반이다. 심한 경우 학원을 12곳씩이나 다니는 학생도 봤다. 그 아이와 상담 중에 물어본 적이 있다. "학원을 많이 가는데 안 힘들어?" "싫을 때도 있는데 괜찮아요." 세상에서 가장 씁쓸한 괜찮음이었다. 우리 아이들이 놀이를 잃은 첫 번째 이유로는 사교육 경쟁의 시작점이 점점 내려가고 있는 현실이다. 요즘은 3세부터 한글, 영어 사교육을 시작한다. "지금 시작하지 않으면 뒤처집니다! 어머님." "다른 집은 다 하고 있어요! 아버님." 불안을 조장하는 사교육 시장의 논리는 학부모의 말과 생각이 되고 결국 우리 아이들을 행복의 사지死地로 내몰고 있다. 부모들은 잘못된 것을 알면서도 혹시나 반에서 뒤처지지는 않을까 노심초사 하며 학원을 등록한다. 누군가 한 사람의 잘못이라고 딱히 말하기 어려운 상황이다. 어린이들은 놀기 위해 존재한다. 우리는 어른으로서 아이들에게 친구와 함께하는 놀이를 돌려줘야만 한다.

놀이를 잃은 다른 이유로는 스마트 환경의 변화를 들 수 있다. 물론 스마트한 환경 변화가 나쁜 것만은 아니다. 잘만 활용한다면 효율적이고 훌륭한 성장의 도구가 될 수도 있다. 그러나 스마트기기로 온라인 게임 및 자극적인 영상에 아이들이 점점 중독되어 가고 있는 현실을 보면 선용보단 폐해의 늪에 우리 아이들이 더 깊이 들어가고 있는 것 같다. 혹자는 게임산업이나 영상산업이 우리나라의 자산이 되고 있고 우리 아이들에게 키워줘야 하는 능력이라고 말하기도 한다. 물론 일부 맞는 말이지만 게임이나 영상 산업에 아이들이 친숙함을 가질수록 창작의 기반이 되는 상상력을 키우기에는 부적절하다. 정말 더 심각한 문제는 아이들이 점점 혼자만의 세상에 갇히는 것이다. 놀이터로 나가기 보다는 혼자서 방에 누워 스마트기기를 보는 것이 편한 선택이기에 아이들은 스스로 혼자가 된다.

놀이는 행복한 밥이라는 말이 있다. 아이들에게 놀이는 존재의 이유이자 삶이다. 밥을 먹지 않고 살 수가 없듯이 아이들은 놀지 않으면 행복한 아이들로 성장할 수 없다. 놀이를 하지 않은 아이들은 곧 사회성을 잃고 행복하지 않은 한 인간으로 성장할 것이다.

나. 전통놀이 vs 전래놀이

전통 놀이는 말에서 말로, 몸에서 몸으로 선조로부터 전달되어 내려오는 것을 말한다. 전통놀이를 정의하자면 전통놀이란 고대로부터 일반적으로 행해지면서 민간에 의해 전승되어 오는 여러 가지 놀이로써 전통성, 역사성, 고유성, 지속성을 지닌 놀이를 말한다.(이은화, 1989)

이와 비슷하게 전래 놀이란 외국놀이를 포함하여 우리나라에 널리 퍼진 놀이 중 다양한 사람들의 선택을 받아 말과 말로 몸과 몸으로 내려가고 있는 놀이를 말한다. 즉 전래놀이가 길어지면 전통놀이가 되는 것이다. 아이들의 놀이에서 그 시작이 어디인지는 그다지 중요하지는 않다. 놀이에는 우리가 함께 나누는 삶이 있고 함께 한 추억이 있기 때문이다.

전통놀이와 전래놀이는 엄밀히 따지면 다른 의미이지만 여기서는 우리의 경험과 가치가 녹아져 있다는 의미로 모두 전통놀이라는 것으로 이름으로 통일해서 쓰려고 한다.

다. 왜 전통놀이인가?

많은 놀이 중 왜 전통놀이인가? 그 첫 번째 이유로는 전통놀이는 백지와 같기 때문이다. 널리 퍼지고 오랜 시간 전해 내려오기 위해서는 지나치게 복잡한 규칙을 가져서는 안된다. 전통놀이에는 아이들이 쉽게 이해할 수 있는 간단한 규칙들이 있고, 그 위에 첨가하고 조절하고 합의하는 모든 과정이 포함되어 있다. 정교하고 재미있는 놀이는 많지만 전통놀이 만큼 지속성과 확장성을 가지기는 힘들다. 이렇기에 전통놀이를 통한 수업에 실패란 있을 수 없다. 아이들이 스스로 규칙을 고쳐 나가는 과정 자체가 모두 놀이의 과정이기 때문이다.

라. 놀이 시작전 약속해요

놀이 시작전 아이들과 약속을 하는 것이 좋다.

첫째, 놀이를 즐기자. 놀이의 목적은 '재미'라는 것을 강조하며 이기는 것이 목적이 아니라 재미있게 즐기는 것이 목적임을 확실히 해둔다.

둘째, 멋지게 지자. 우리가 살아가면서 모든 일을 이기면서 살 수는 없다. 멋지게 지는 법을 알아야 큰 아픔이나 시련이 와도 다시 일어날 마음의 힘이 생긴다. 그럼 멋지게 지는 방법은 무엇인가? 승부를 인정하고 다음을 준비하는 것이다. '무엇 때문에 졌을까?' 고민해보고 다음 게임에서 다른 전략을 실행해보는 것이다. 사전에 멋지게 지는 사람이 되기를 서로 약속하고 놀이하면 아이들의 지나친 경쟁심을 줄일 수 있을 것이다.

셋째, 안전을 위해 서로 챙겨주자. 전통놀이는 거친 몸싸움이 있을 수도 있다. 반칙을 하거나 지나친 몸싸움을 해서 친구가 다치면 함께 놀이할 친구를 잃을 수도 있다. '만약 친구가 다시 놀이를 안하고 싶어한다면, 나는 놀이를 계속 할 수 있을까?' 고민을 해보도록 한다.

앞의 세 가지 사항을 아이들의 동의를 얻어 놀이를 진행하면 더 안전하고 즐겁게 놀이를 즐길 수 있을 것이다.

2. 교실 안에서 활용 가능한 전통놀이

가. 사방치기

1) 놀이 만나기

개요 모든 학교에 널리 퍼져 있는 가장 대표적인 전통놀이이다. 한 발과 두 발을 번갈아 뛰며 즐길 수 있는 놀이이다. 라인테이프로 교실이나 복도 한구석에 선을 그려 놓으면 학생들에게 학교생활의 활력소가 될 수 있다.

유래 1930~1940년대 전국적으로 유행하기 시작한 놀이이다. 확실한 유래는 알려지지 않았지만 당시 좁은 골목에서 마땅히 할 만한 놀이가 없어 간단히 바닥에 선을 긋고 할 수 있는 놀이이기 때문에 유행한 것으로 추측된다.

장소 교실, 복도, 운동장

준비물 조약돌, 라인테이프(또는 절연테이프)

적정인원 2~4명

\# 배려하는 의사소통
\# 라인테이프, 조약돌
\# 교실, 복도, 운동장
\# 가장 인기 있는 전통놀이

2) 놀이 즐기기

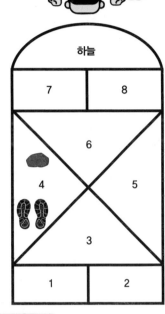

② 1~8번 통과!
4번 땅을 차지해볼까!

③ 성공!
이제부터 4번에서는 두 발로!

하늘

하늘

7	8

6	
4	5
3	

1	2

① 돌이나 발이 선 밖으로 나가거나 선에 닿으면 안돼!
1~3번 통과. 4번 도전!

(1) 1번부터 순서대로 구역안에 들어가도록 돌을 던진다. 돌이 있는 구역을 피해 외발이나 두 발로 끝(7, 8번)으로 간다.

(2) 7, 8번에서 방향을 바꿔 돌아온다. 이때 던졌던 돌을 가지고 돌아온다.

(3) 1~8번까지 모두 성공하면 하늘로 들어가 뒤돌아 서서 돌을 뒤로 던진다. 돌이 들어간 칸이 내 땅이 된다.

(4) 내 땅에서는 두 발로 서서 쉴 수 있다. 상대는 딛지 않고 바로 넘어가야 한다.

(5) 돌이 선에 닿거나, 선 밖으로 나가거나, 뛰다가 발이 선에 닿으면 공격 기회가 상대에게 넘어간다.

3) 더 놀기

○ 단순한 번호 대신 학습과 관련된 내용을 넣어서 놀이해도 좋다.

　　(영단어, 구구단, 덕목, 학급규칙 등)

○ 칸의 모양을 바꿔서 놀이해보는 것도 좋다.

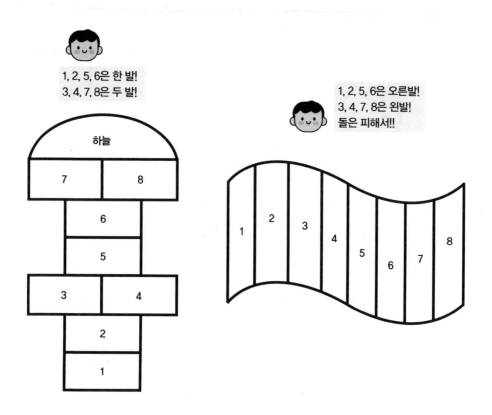

○ 아이들이 너무 잘한다면, 9칸 사방치기를 해보자.

8번에서 하늘 성공!!
뒤로 돌아서! 아무 곳이나
내 땅 되라!!

3번에서 4번으로
한 번에 두 칸!

	하늘	
4		3
5	8	2
6	7	1

한 발로 돌을 툭 쳐서
1번에서 멈추게 하자!

---

(1) 한 발로 돌을 툭 쳐 1번부터 8번까지 돌이 구역 안으로 들어가게 한다.

(2) 1번 성공시! 1번으로 가서 2번에 도전한다.

(3) 3번에서 4번은 두 칸 떨어져 있다.

(4) 8번에서 하늘까지 구역에 집어 넣으면 하늘에서 돌을 집어 뒤돌아 서서 뒤로 던진다.

(5) 돌이 선에 닿거나, 선 밖으로 나가거나, 뛰다가 발이 선에 닿으면 공격권이 상대에게 넘어간다.

잘하는 방법

○ 경기장을 많이 확보하라. 4명 이상이 같이하면 기다리는 시간이 너무 길어져 흥미가 떨어질 수 있다.

○ 규칙을 조금씩 바꾸어라! 놀이를 너무 길게 하면 자칫 경쟁심이 커질 수 있으므로 변형게임으로 조금씩 규칙을 바꾸어 보자.

나. 딱지치기

1) 놀이 만나기

개요 어렸을 때 누구나 한 번쯤 해본 기억이 있을 것이다. 손으로 정성을 다해 꾹꾹!! 절대 안 넘어가는 무적 딱지가 나오길 염원하며 열심히 접던 순수한 추억이 웃음짓게 하는 놀이이다. 딱지치기는 도구를 만드는 과정부터 시작된다. 정성을 기울여 만든 나의 딱지를 잃으면 세상을 잃은 기분이지만 다시 시작할 수 있다. 종이만 나의 두 손에 있다면! 딱지치기는 다시 포기하지 않는 용기와 딱지 접기부터 놀이를 하며 다양한 소근육 발달에 도움이 된다.

유래 딱지치기는 마음 아픈 유래가 있다. 일제강점기에 학교에서 우리나라 말을 사용하는 학생들에게 벌주기 위해 딱지 20장을 나누어주고 하나씩 뺏었는데 학생들끼리 이 딱지를 걸고 하던 놀이에서 발전했다는 것이 정설이다.

장소 교실

준비물 종이 2장

적정인원 2~10명

\# 다시 시작할 용기와 노력만 있다면
\# 종이 2장
\# 교실
\# 다양한 변형 놀이

2) 놀이 즐기기

(1) 딱지를 접는다.

(2) 가위바위보를 해서 진 사람이 딱지를 바닥에 놓는다.

(3) 바닥에 놓은 딱지를 공격하는 딱지로 있는 힘껏 내리친다.

(4) 딱지가 뒤집어지면 먹고 뒤집어지지 않으면 상대에게 공격권이 넘어간다.

3) 더 놀기

딱지 접기

(1) 길쭉하게 색종이를 3등분으로 접는다. (2개 반복)

(2) 끝부분을 세모로 접는다.

(3) 접은 색종이 2개를 겹치게 놓는다.

(4) 노란 색종이부터 안 쪽으로 접는다. 반시계방향으로 겹치며 접는다.

(5) 청록색 부분을 노란 색 색종이 사이에 끼워 넣는다.

(6) 딱지 접기 완성.

○ 날려먹기 – 가장 멀리 날아가는 사람이 먹는 방법

○ 불어먹기 – 딱지를 쌓고 아래쪽을 입김을 불어 넘어가면 먹는 방법

○ 받쳐먹기 – 공격 딱지가 아래에 받치면 먹는 방법

○ 밀어먹기 – 딱지를 쳐서 원 밖으로 밀어내면 먹는 방법

잘하는 방법

○ 딱지를 우유갑으로 만들어도 좋다.

○ 나만의 딱지 만들기를 사전활동으로 하면 아이들이 더욱 몰입하여
  놀이를 즐길 수 있다. 이때 딱지는 다른 딱지로 바꾸어 줄 수 있게
  허용한다.

다. 투호

1) 놀이 만나기

개요 명절이 되면 TV프로그램에 나온 외국인들이 한복을 입고 꼭 하는 놀이가 있다. 바로 투호놀이이다. 학교현장에서도 활용도가 매우 높은 전통놀이인데 특히 6학년 표적 도전활동으로 활용할 수 있다. 학생들의 집중력을 키울 수 있는 아주 좋은 놀이이다.

유래 중국 한나라 이전부터 시작된 것으로 추정되며, 《춘추좌씨전》이란 역사책에 이런 비슷한 놀이가 기록되어 있다. 당나라때 성행했으며 우리나라에는 삼국시대부터 들어온 것으로 알려져 있다. 조선시대에 성행했으며 조선 초기에는 왕자들이 궁에서 했던 놀이가 양반들이 즐기던 놀이로, 후기로 가면서 모든 사람들이 즐기는 전통놀이가 되었다.

장소 교실

준비물 투호통, 투호촉

적정인원 2~8명

\# 도전거리를 다르게 규칙 바꿔 보기
\# 집중력 키우기
\# 투호통, 투호촉
\# 교실

2) 놀이 즐기기

(1) 한명씩 돌아가면서 통에 화살을 던져 넣는다.

(2) 가장 많이 넣은 사람이 이긴다.

3) 더 놀기

놀이의 변형

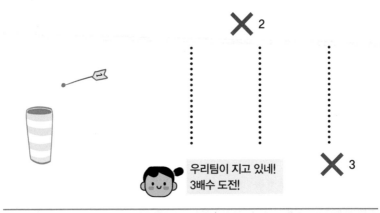

우리팀이 지고 있네!
3배수 도전!

(1) 도전 거리가 멀어지면 더 높은 점수를 얻도록 규칙을 바꾼다.

(2) 페트병과 나무젓가락으로 책상 위에서 투호를 할 수도 있다.

잘하는 방법

○ 도전시 한 발을 들 수 있는지, 손이 출발선을 넘을 수 있는지를 정해야 한다. 처음부터 통일성 있게 하는 것이 좋다.

○ 투호촉이 들어갔다가 바닥에 맞고 다시 나오는 경우는 성공일까? 종종 발생하는 경우이므로 고민해보고 수업에 들어가는 것을 추천한다.

6학년 체육교육과정에 표적도전이 있는데, 체육시간과 창체시간을 확보하여 투호리그전을 운영하였다. 그 진행과정은 다음과 같다.

① 4팀으로 나눈다.

② 팀별로 팀명과 구호를 정한다.

③ 1인당 4개의 화살이 주어지며 팀원들이 모두 도전하여 획득 점수를 합산한다. 이때 끝까지 긴장감을 유지하기 위해 도전 거리를 설정하여 멀리서 던지면 더 큰 점수를 얻는 방식으로 한다.

④ 1라운드는 투호, 2라운드는 고리던지기를 했다. 승리시 3점, 무승부는 1점, 지면 0점이 적립되며 홈·어웨이 2번씩 경기를 하여 라운드별 우승팀을 가른다.

이후 확장시켜 반별 투호리그전을 최종으로 진행하였다. 반 모든 친구들의 합산 점수로 토너먼트를 운영하였다. 아이들이 서로 알려주면서 열성적으로 참여하며 처음에 못했던 친구들이 나중에 자신의 실력이 늘었다고 자랑하던 아이들의 모습이 눈에 선하다. 이때 복도에 투호를 놔두고 아이들이 틈틈이 연습할 수 있도록 하였더니 활동에 몰입을 훨씬 잘 할 수 있었다.

라. 수건 돌리기

1) 놀이 만나기

개요 소풍이나 수련원을 가면 언제나 우리와 함께 했던 놀이이다. 원을 만들어 서로의 눈을 보고 같은 노래를 부르며 흥겹게 즐기다 보면 장기자랑을 해야 하는 경우가 있다. 그래서 소풍 가기전에는 이 놀이를 위해서 장기자랑을 준비하기도 했다.

유래 정확한 유래는 알려지지 않았다. 하지만 소풍이나 체험학습 당시 간단한 물품과 함께 노래를 부르다가 점점 발전했을 것이라 생각이 된다.

장소 교실, 체육관

준비물 수건

적정인원 10~25명

함께 부르는 노래 속 소속감과 친밀감 # 교실, 체육관
수건 # 술래 수건 확인하기

2) 놀이 즐기기

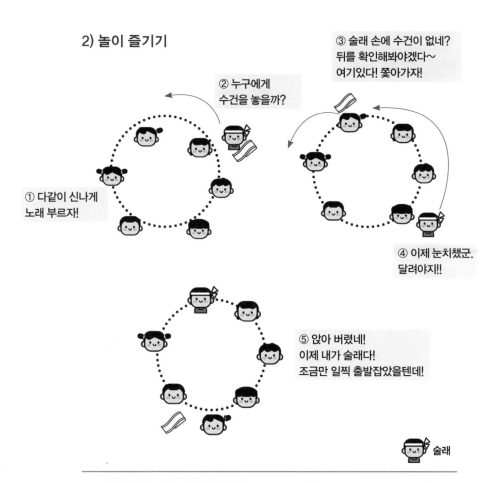

① 다같이 신나게 노래 부르자!

② 누구에게 수건을 놓을까?

③ 술래 손에 수건이 없네? 뒤를 확인해봐야겠다~ 여기있다! 쫓아가자!

④ 이제 눈치챘군. 달려야지!!

⑤ 앉아 버렸네! 이제 내가 술래다! 조금만 일찍 출발잡았을텐데!

술래

(1) 술래를 정하고 동그랗게 앉는다.

(2) 술래는 노래를 부르며 앉아 있는 학생들을 (반)시계방향으로 돌다가 수건을 몰래 놓는다.

(3) 앉아 있는 사람들은 노래를 부르다가 술래의 수건이 사라지면 자신의 뒤에 수건이 있는지 확인한다.

(4) 수건이 놓인 사람은 수건을 들고 술래를 쫓아간다. 그 사이 술래가 빈 자리에 앉으면 술래가 바뀐다.

(5) 술래가 한 바퀴 돌아 수건이 놓였던 아이를 터치하면 원 가운데 나와 장기자랑을 해야 한다. 반대로 수건이 놓인 사람이 빠르게 알아차리고 (반)시계방향으로 쫓아가 술래를 잡으면 술래가 장기자랑을 한다.

3) 더 놀기

놀이의 변형

○ 수건 놓인 학생의 오른쪽 또는 왼쪽 학생이 수건을 들고 뛰는 것으로 바꾼다.

○ 술래가 2명이 된다. 수건 놓인 학생의 오른쪽과 왼쪽 학생들이 함께 손을 잡고 술래를 쫓아가도록 바꾼다.

잘하는 방법

○ 학생들이 좋아하는 노래를 미리 조사해놓고 틀어준다.

○ 앉아 있는 학생들이 술래가 올 때 뒤를 보지 않도록 한다.

안전

○ 달릴 때 넘어지지 않도록 유의한다.

○ 터치시 밀지 않도록 주의한다.

마. 고누놀이

1) 놀이 만나기

개요 학생들의 치열한 두뇌 싸움이 벌어지게 만든 놀이이다. 간단한 준비물만으로도 아이들의 집중력과 사고력을 향상시킬 수 있다는 점이 고누놀이의 가장 큰 장점이다.

유래 바둑이나 장기의 원시적인 형태로 보이며, 10세기 초(고려시대)에 청자 가마터에서 발견된 참고누판이 가장 오래된 것이다. 이 발견으로 적어도 그 전부터 이어져 온 놀이가 아닌가 추정된다.

장소 교실

준비물 고누판, 말 6개(다른색 3개씩)

적정인원 2명

\# 치열한 두뇌 싸움 속 커가는 지혜 \# 교실 \# 고누판, 말 6개
\# 원 안에서 상대 말 움직이지 못하게 하기

2) 놀이 즐기기

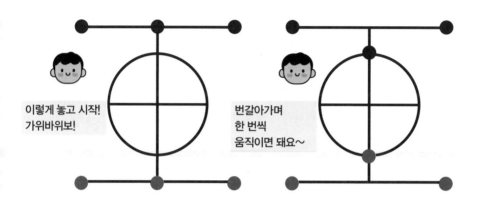

(1) 고누판과 말을 준비한다.

(2) 선을 따라 번갈아가며 한 번씩 말을 움직인다.

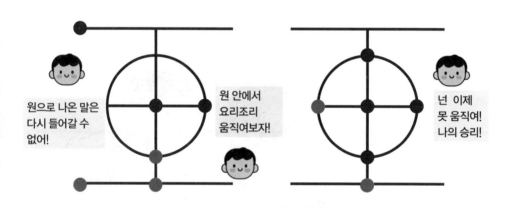

(3) 한 번 집에서 나온 말은 다시 들어갈 수 없고 원에서만 움직일 수 있다.

(4) 원 부분에서 상대 말들이 움직이지 못하게 만들면 이긴다.

3) 더 놀기

잘하는 방법

○ 말을 두는 시간에 제한을 두면 더욱 **빠르고** 흥미롭게 놀이를 할
   수 있다.

놀이 이야기

○ 고누의 명칭

   지역별로 고누를 부르는 명칭이 다양하다. 충청도에서는 고니, 꼰, 꼬
누, 경기도에서는 고누, 고니, 꼬니, 경상도에서는 꼰, 전라도에서는 꼰,
꼬누, 제주도에서는 꼰짜 등으로 부른다. 한자로는 지기地碁라고 부르
는데 지기라는 말은 땅에 그려 노는 놀이라는 뜻이다.

○ 김홍도의 '고누놀이'

고누놀이, 《단원 풍속도첩》, 김홍도金弘道, 국립중앙박물관

놀이와 연계하여 미술 감상 수업을 해도 좋을 것 같다. 바닥에 그림 그리며 놀
기를 즐겼던 선조들의 삶을 엿볼 수 있는 귀중한 작품이다. 하지만 이 작품에는
오류가 숨어 있다. 제목은 고누놀이라고 되어 있지만 그림 속 그림판은 '윷놀이
판'이다. 오류찾기 놀이를 하며 흥미있게 수업을 할 수 있다.

3. 교실 밖에서 활용 가능한 전통놀이

가. 8자 놀이

1) 놀이 만나기

개요 술래잡기의 변형 놀이!! 학교에서 가장 흔히 볼 수 있는 전래놀이로 좁은 공간에서 많은 활동량을 보장할 수 있는 놀이다. 하지만 비교적 너무 단순하기 때문에 다양한 변화를 주어 아이들이 더욱 즐겁게 8자 놀이에 참가할 수 있도록 지도해야 한다.

유래 8자 놀이의 유래는 확실하지 않다. 술래잡기를 안전하게 하는 방법을 찾다가 나왔을 것이라 생각된다. 골목에서 술래잡기를 하다 보면 다양한 위험상황에 노출되기 마련이지만 정해진 구역 내를 뛰다보면 상대적으로 안전한 환경에서 술래잡기를 할 수 있다. 그럼 왜 8자일까? 8이란 숫자는 모두가 하나로 연결이 되어 있다. 그래서 계속해서 도망갈 수 있고 계속해서 쫓아갈 수 있다. 이런 이유로 8자를 착용한 것이 아닐까 생각이 된다.

장소 체육관, 운동장

적정인원 4~8명

\# 마지막 끝까지 달리기
\# 체육관, 운동장
\# 술래잡기의 변형놀이
\# S자 놀이와 가족 놀이

2) 놀이 즐기기

(1) 가위바위보로 술래를 정한다.

(2) 술래는 5초를 세고 잡으러 간다.

(3) 술래에게 터치되거나, 선 밖으로 나가거나, 선을 밟으면 술래가 된다.

3) 더 놀기

`놀이의 변형`

① 저학년을 대상으로 할 때는 동물 흉내를 내면서 한다.

② 한 발(깽깽이발)로 8자 놀이를 한다.

③ 경기장 모양을 쌍팔자로 변형한다.

④ 얼음 - 땡 놀이를 8자 경기장 안에서 한다.

`잘하는 방법`

① 한 사람이 너무 오래 술래가 되는 것을 막기 위해 3번 연속 술래를 하면 술래 배제권을 준다.

② 시간제한을 두면 더욱 흥미진진하게 진행할 수 있다.

나. S자 놀이

1) 놀이 만나기

개요 좁은 공간에서도 이리저리 술래를 피해서 신나게 뛰어 놀아 보자! 8자 놀이와 비슷하지만 술래에게 조금 더 제한점을 두고 하는 놀이이다. 술래는 여기 못넘어와!!

유래 8자 놀이의 변형이라고 보는 것이 좋다. 8자 놀이의 단점은 좁은 공간에 있기에 너무 빠르게 경기가 진행된다는 것이다. 술래에게 제한점을 주며 경기를 더욱 긴장감 넘치게 할 수 있도록 변형한 것인 듯하다.

장소 체육관, 운동장

적정인원 4~8명

\# 술래를 구석으로 끌고 오는 지혜 \# 체육관, 운동장
\# 술래잡기의 변형 \# 8자 놀이와 가족놀이

2) 놀이 즐기기

(1) 가위바위보로 술래를 정한다.

(2) 술래는 5초를 세고 잡으러 간다.

(3) 술래에게 터치되거나, 선 밖에 나가거나 선을 밟으면 술래가 된다.

(4) S자 끝부분에서는, 술래는 건널 수 없고 나머지 학생들은 건너갈 수 있다.

3) 더 놀기

놀이의 변형

○ 난이도를 올리고 싶다면 한 발로 뛰어보게 해도 좋다.

○ 얼음-땡 놀이와 결합해 '얼음'하고 외치면 안 잡히고 멈출 수 있다. 누군가 '땡'을 외쳐주면 다시 움직일 수 있다.

잘하는 방법

○ 술래를 한 사람이 계속 할 수도 있으니 일정 시간을 정해 놓고 그 시간이 넘어가면 다른 사람이 술래를 하는 것으로 사전에 규칙을 정한다.

다. 구슬치기

1) 놀이 만나기

개요 유리구슬, 왕구슬, 쇠구슬까지 많은 구슬을 주머니에 들고 다니며 쉬는 시간만 기다리게 만들었던 놀이!! 운동장 구석에서 나의 모든 정신을 손 끝에 모으게 만드는 놀이!!

유래 1970년대에 널리 유행한 놀이이다. 유래는 알려진 바가 정확하지는 않지만 우리나라 전통놀이 중 '돈(엽전)치기'라는 놀이가 일본의 유리구슬로 하는 놀이인 '다마치기'와 만나 일제강점기를 거치며 현재의 구슬치기 놀이로 발전한 것으로 보인다. 유리가 널리 보급되기 전까지는 열매나 돌을 활용하여 놀이를 했다.

장소 운동장

준비물 구슬

적정인원 3~8명

나의 모든 집중력을 손 끝으로 # 운동장 # 구슬
3m 떨어진 곳에서 구슬 맞추기

2) 놀이 즐기기

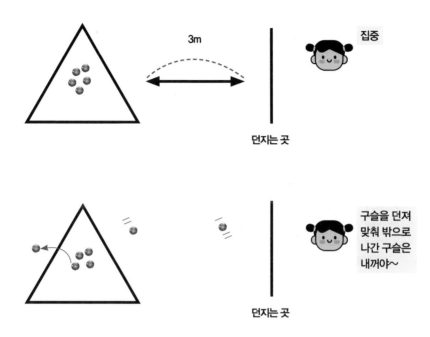

---

(1) 운동장에 삼각형을 그리고 그 속에 같은 수 만큼 구슬을 건다.
(2) 3m 떨어진 곳에 서서 구슬을 던져 삼각형 안에 구슬들을 맞춘다.
(3) 삼각형을 벗어나는 구슬을 따먹는다.

---

3) 더 놀기

튕겨 먹기

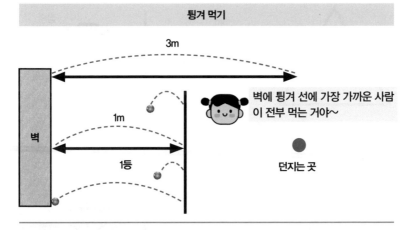

(1) 벽에서 1m 떨어진 점에 선을 긋는다.
(2) 3번의 기회가 주어지며 벽을 튕겨 선에 가장 가까운 사람이 이기게 된다.

넣어 먹기

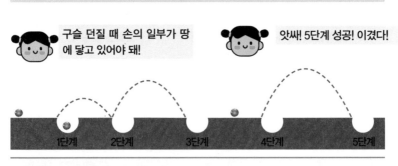

(1) 구멍 5개를 판다.
(2) 이때 단계를 넘어가면서 간격이 더 멀어지게 한다.
(3) 1단계부터 도전을 해서 모두 통과하면 이긴다.
(4) 다음 구멍으로 보낼 때 손의 일부분은 현재 단계 구멍에 닿고 있어야 한다.

○ 아이들 사이에 너무 구슬치기가 과열되면, 여러판을 경기하여 이기
면 하나씩 구슬을 주고받는 것으로 규칙을 바꾼다.

○ 구슬이 자신의 것임을 알 수 있는 표식을 한다.

놀이 이야기 – 학교에서 구슬을 주고 받아도 되나요?

구슬치기라고 하면 어떤 생각이 드나요? 학교에서 구슬치기 하기를
허용한다? 부정적 생각이 드는 선생님들이 많이 있을 것이다. 그 이유
는 구슬을 구입해야 한다는 점과 이를 서로 주고 받는 놀이 형식 때문
이라고 생각된다. 하지만 교육현장에서 무조건 금지하는 것만이 능사
는 아니다. 이를 보완할 수 있다면 아이들에게 삶을 배우는 기회가 될
수 있다. 그 보완책으로는 학교 예산으로 구슬을 구입하는 방법이 있
다. 요즘은 구슬이 정말 저렴하다. 학급운영비 정도면 아이들이 충분
히 놀만큼 구슬을 구입할 수 있다. 또는 놀이를 한판 이기면 1개씩 주
는 것으로 미리 규칙을 정하고 치열하게 진행되지 않도록 주고받는 개
수를 제한하는 방법도 있고, 마지막으로 주는 구슬과 경기하는 구슬
을 구분하는 방법도 있다. 자기가 아끼는 구슬을 주게 되면 아이들이
아무래도 마음이 상하게 된다. 그런 것을 방지하기 위해 주는 구슬과
아끼는 구슬을 구분하면 아이들이 마음 상하는 일이 줄어들 것이다.

더 근원적으로 생각해보면, 우리의 학창시절을 떠올려보면 놀이는
유행을 탄다. 투명하고 동그란 구슬이 세상의 전부라고 자신의 용돈을
모두 투자해 많이 구입하지만 시간이 지나 다른 놀이가 유행하기 시작
하면 사실 구슬은 동그란 유리조각일 뿐인 것이다. 물론 이런 생각을
얻기까지 반복적으로 허무함을 느껴야 되는데 그 과정에서 잃는 것이
꽤 있을 것이다. 하지만 물질에 대한 지나친 소유욕은 나에게 도움이
되지 않는다는 것을 깨달을 수 있는 기회가 될 수 있지 않을까?

또한 구슬을 구입하는 것이 아니라 함께 하는 경험을 위해 지출한다고 생각할 수도 있다. 초등학교 때 남는 기억이 무엇이 있을까? 친구들과 즐겁게 놀 때의 그 좋았던 추억이 대부분이다. 그런 추억을 위해 구입한다고 생각하자. 물론 과유불급이다. 과도한 사행성은 교사가 제지하는 것이 옳다.

라. 깡통차기

1) 놀이 만나기

개요 꼭꼭 숨어라 머리카락 보일라~ 숨바꼭질 변형 놀이! 빈 깡통을 활용해 숨바꼭질에 박진감을 한 스푼! 동네 구석구석 창의적으로 어디에 숨어야 할지 순간적으로 결정해야 하는 판단력과, 친구들과 함께 다시 살아나기 위한 도전하는 용기가 필요하다.

유래 조선시대 두레박을 활용한 비슷한 놀이 기록이 있다. 적어도 조선시대 이전에도 이 놀이는 존재했으리라고 생각된다. 이 놀이는 1960년대 미국의 원조 물품에서 캔으로 된 물품이 시중에 다량 유통되면서 깡통 쓰레기가 많아지면서 두레박이 깡통으로 바뀐 듯하다.

장소 운동장

준비물 깡통, 돌

적정인원 4~8명

술래를 피해 깡통 향해 달리는 용기 # 운동장
돌을 넣은 깡통
20초를 세는 동안 꼭꼭 숨기

2) 놀이 즐기기

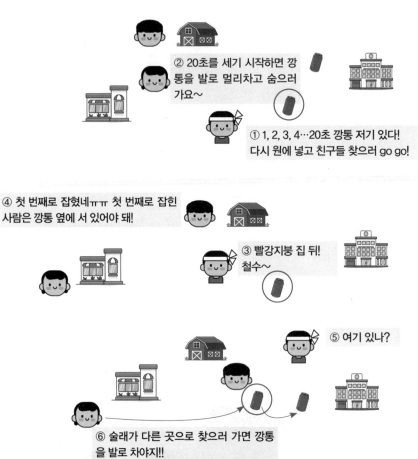

(1) 지름 30cm 원을 그리고 그 위에 깡통을 둔다.

(2) 술래가 20초까지 눈을 감고 세는 동안 한 사람이 깡통을 멀리 찬다.

(3) 술래는 20초까지 다 센 후 깡통을 주어서 다시 원 안으로 가져다 놓고 숨은 아이들을 찾는다.

(4) 첫 번째 잡힌 사람은 깡통 옆에 있는다. 모두 다 숨은 장소가 걸리면 첫 번째 잡힌 사람이 술래가 된다.

(5) 만약 술래가 다른 사람을 찾으러 간 사이 어떤 사람이 나와 깡통을 차면 지금 술래가 다시 술래가 된다.

3) 더 놀기

○ 술래를 제외한 아이들에게 작전 타임을 주면 전략적 사고를 할 수 있다.

○ 깡통을 차러 가는 아이를 발견하고 술래가 이름을 부르면 아웃 된다.

마. 한발뛰기(열발뛰기)

1) 놀이 만나기

개요 한 발 한 발 멀리 뛰어보자!! 다리를 쫘악 벌리며 열심히 뛰어 놀 았던 어릴적의 추억이 떠오르는 놀이이다. 특히 미션을 수행하면서 올 때 술래가 아이들을 조정할 수 있는 짜릿한 쾌감이 있어 오히려 술래 가 되고 싶어했던 놀이다. 아이들이 즐겁게 최선을 다해 뛰어봄으로써 순발력을 키울 수 있는 놀이이다.

유래 정확하게 알려진 바는 없으나 1960~70년대 도시화로 인해 골목 이 생겨나고 그 골목에서 할 수 있는 마땅히 놀거리가 없던 아이들이 만들어낸 놀이라고 추측된다.

장소 체육관, 운동장

적정인원 4~10명

\# 순발력 키우기 놀이 \# 체육관, 운동장 \# 술래는 한 발 적게 뛰기
\# 돌아오기 미션(장님발, 신호등, 게발뛰기, 떡장수)

2) 놀이 즐기기

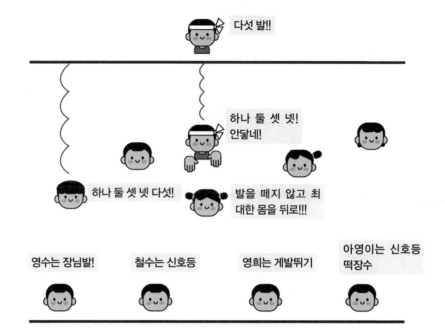

술래가 와서 눈을 가린다.
스톱!!을 외친다.
한 발에 점프해서 출발선
으로 들어가면 성공!

파란불 – 달려오기
주황불 – 춤추면서 오기
빨간불 – 동작 그만

옆으로 다리 벌려
다섯 발 이내로 들
어가야 해!!

머리 위에 신발을 올
리고 떨어뜨리지 않
고 들어온다.

⑴ 한 발 멀리뛰기로 술래를 정한다.

⑵ 술래는 발자국 수를 부른다. 술래는 자기가 부른 수보다 하나를 적게 뛴다.

⑶ 술래가 손을 뻗어 닿은 사람은 술래가 된다. 또는 피하다가 중심을 잃고 넘
어져도 술래가 된다.

⑷ 만약 술래가 터치를 못하는 아이들은 술래가 요구하는 미션을 하면서 들어
와야 성공이다.

3) 더 놀기

  술래를 피해 안 걸리더라도 한 단계 고비가 더 남았다. 술래의 미션
을 수행해야 한다는 것이다. 아이들에게 아래의 미션을 소개해주고 이
외에 다양한 미션을 아이들 스스로 개발해 보라고 하면 다양한 미션을
많이 개발해 낸다. 이렇게 끊임 없이 바뀌고 변형이 가능하다는 점이
전통놀이가 아이들에게 오랫동안 사랑받아 온 이유이지 않을까 싶다.

미션 1 장님발 – 눈을 가리고 출발선 쪽으로 가다가 '멈춰'를 외친 곳
       에서 한발로 출발선 안으로 들어오면 성공이다.
미션 2 신호등 – 파란불! 마음껏 움직여도 된다. 빨간불! 움직이면 안
       된다. 주황불! 춤(창의적인 동작)을 추면서 들어온다.
미션 3 게발뛰기 – 옆으로 점프를 해서 들어오는데 뛰어간 만큼 똑같
       은 수로 온다.
미션 4 떡장수 – 신발을 머리 위에 올리고 떨어뜨리지 않고 들어온다.

○ 점프를 많이 하므로 무릎, 발목에 충분히 준비운동을 해준다.
○ 미끄러운 장소에서는 하지 않는다.

바. 십자가놀이

1) 놀이 만나기

개요 몸싸움이 격하기로 유명한 놀이이다. 아이들의 안전에 더 신경쓰면서 할 수 있도록 하자! "동서남북"을 외치며 수비를 뚫고 나의 구역에 도달하는 놀이! 수비시 단합력과 순발력을 키우는 데 좋은 놀이이다.

장소 운동장

준비물 나뭇가지

적정인원 6~12명

빈틈없는 수비 위한 의사소통 # 적절한 타이밍 넘어가는 용기 # 운동장
지나친 몸싸움 우려

2) 놀이 즐기기

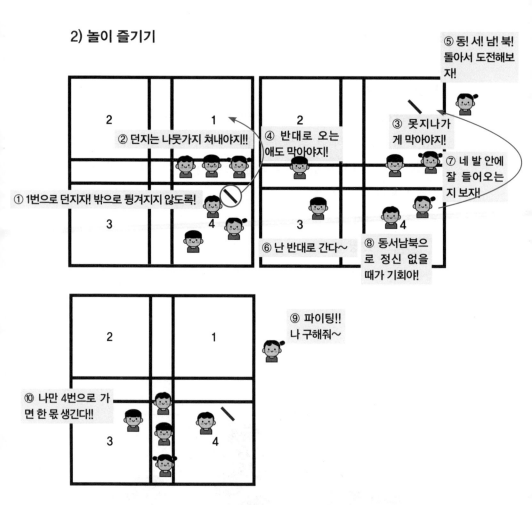

⑴ 공격과 수비로 팀을 나눈다.(4∼6명씩)

⑵ 공격팀은 나뭇가지를 이동할 구역에 던진다.(한 명씩 돌아가면서 던진다)

⑶ 통로를 뛰어 넘어가거나 경기장 밖에서 '동서남북' 네 발자국 이내에 들어간다.

⑷ 한 바퀴를 돌아 출발한 곳에 돌아오면 아웃된 사람을 1명 살려 낼 수 있다.

⑸ 수비팀은 통로에 서서 나뭇가지를 쳐내거나 이동을 하는 공격팀을 터치해서 아웃시킨다. 공격팀 모두가 아웃되면 공격과 수비가 바뀐다.(나뭇가지를 쳐내면 던진 사람은 아웃이다)

---

3) 더 놀기

○ 나뭇가지 대신에 나무젓가락을 사용할 수 있다.

○ '나뭇가지가 수비수 몸에 맞으면 던진 사람은 바로 아웃된다.'라고
규칙을 변경해도 된다.

○ 수비수가 공을 두 손으로 들고 터치하면 다치는 것을 조금 줄일 수
있다.

사. 오징어놀이

1) 놀이 만나기

개요 격한 몸싸움이 있기에 안전에 주의를 더욱 기울여야 하는 놀이
이다. '오징어게임'이라는 드라마가 세계적인 인기를 끌면서 관심이 늘
어난 놀이이다.

유래 1980년대 유행한 놀이이다. 경기장의 모양이 오징어와 비슷하게
생겼기 때문에 '오징어놀이'라 불렸을 것으로 짐작된다.

장소 운동장

적정인원 6~12명

동시에 수비지역을 공략하는 협동심 # 오징어게임 드라마
운동장 # 목을 통과하면 암행어사(이동할 때 두 발 사용 가능)

2) 놀이 즐기기

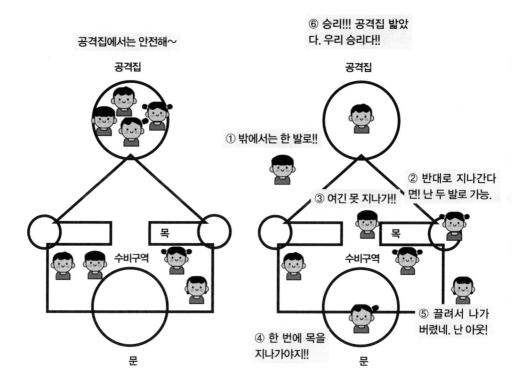

⑴ 공격과 수비로 팀을 나눈다. 공격팀은 공격집에서 시작한다. 수비는 몸통(수비구역)에 모여 있다.

⑵ 집을 벗어나면 외발로 뛰어다녀야 하며 수비를 피해 오징어 목을 통과하면 암행어사가 되어 두 발로 다닐 수 있게 된다.

⑶ 공격집에 출발하여 한 명이라도 문을 통과해 다시 공격집에 발을 디디면 공격팀의 승리로 끝나게 된다.

⑷ 손이나 두 발이 땅에 닿으면 아웃이 되며 게임판 밖에서 대기한다. 한 팀이 모두 아웃되면 게임이 끝나게 된다.

---

3) 더 놀기

○ 옷을 잡으면 바로 게임에서 아웃시킨다.

○ 태그형 놀이 세트를 활용하여 꼬리를 떼면 아웃된다.

○ 벙어리 장갑을 끼고 하면 지나친 몸싸움을 줄일 수 있다.

○ 다치는 것이 걱정이 된다면 밀거나 끄는 행위 전체를 금지하고 터치
   만으로도 아웃이 되는 규칙을 설정해도 된다.

4. 자연과 함께하는 전통놀이

가. 꽃찾기놀이

1) 놀이 만나기

개요 초등학교 저학년의 동심이 느껴지는 놀이!! 예쁜 꽃으로 사람을 표현하는 마음이 귀여운 놀이이다.

유래 일본의 '가몽메' 놀이에서 유래했다는 말이 있다. 친구들을 찾아 데리고 온다는 방식이 유사하다. 하지만 누가 먼저인지는 정확하게 밝혀진 바는 없다.

장소 교실, 운동장

적정인원 4명 이상

\# 단순하지만 이름을 부르며 친밀감 높이는 놀이

\# 교실, 운동장

\# 노래부르기

\# 가위바위보

2) 놀이 즐기기

움직이는 방향 →

우리집에 왜 왔니 왜
왔니 왜 왔니?

움직이는 방향 ←

꽃찾으로 왔단다
왔단다 왔단다~

(1) 두 편으로 나누고 1m 정도 서로
마주보고 선다.
(2) 대장이 가위바위보를 하고 진 편
이 먼저 시작하면서 앞으로 전진한
다.(우리집에 왜 왔니 왜 왔니 왜 왔니)

(3) 이긴 편은 후진하다 앞으로 다시
전진하며 노래를 부른다.(꽃 찾으러
왔단다 왔단다 왔단다)

움직이는 방향 →

무슨 꽃을 찾으러 왔느냐
왔느냐~

움직이는 방향 ←

(4) 후진하다 앞으로 다시 전진하며
노래를 부른다.(무슨 꽃을 찾으러 왔
느냐 왔느냐 왔느냐)

(5) 이긴 편이 움직인다－○○(상대이
름) 꽃을 찾으러 왔단다 왔단다.(주
장이 크게 부른다)
(6) 불린 ○○과 이긴 팀의 주장이 앞
으로 나와 가위바위보를 한다.

───────────────────────────

(7) 가위바위보에서 진 사람은 상대팀
　　으로 넘어가서 대열을 정리한다.

(8) 어느 한 쪽 편으로 모두 이동하게
　　되면 끝이 난다.

───────────────────────────

3) 더 놀기

잘하는 방법

○ 통합교과 중 봄 단원에서 사람마다 봄꽃을 정해놓고 부르면 학습과
　　연계할 수 있다.

○ 노래를 크게 부른 팀에게 선생님이 심판으로서 가위바위보를 안 해
　　도 이겼다고 해주겠다 하면 힘껏 목청을 돋우어 더욱 즐겁게 참여
　　한다.

나. 달팽이놀이

1) 놀이 만나기

개요 간단하면서 박진감 넘치는 놀이!! 달팽이라는 말과는 달리 가장 다이나믹한 놀이 중 하나이다. 운, 스피드, 협동력 3박자가 적절히 어울어져야 이길 수 있는 놀이이다.

유래 유래는 정확히 알려지지는 않았다. 하지만 선조들은 땅에 달팽이 모양 그림을 그리는 것을 즐겼다고 한다. 땅에 그림을 그렸으니 그 위에서 어떤 놀이를 하지 않았을까? 달팽이 그림을 그리고 그 위에서 발전한 것이라고 추측해 볼 수 있다.

장소 체육관, 운동장

적정인원 6~12명

\# 심폐지구력과 가위바위보 조화 \# 체육관, 운동장
\# 달팽이 모양 \# 상대 진영 도달팀이 승리

2) 놀이 즐기기

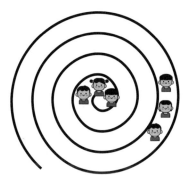

(1) 두 팀으로 나누고 한 팀은 달팽이 모양 끝쪽에 한 팀은 제일 안쪽에 줄을 선다.

(2) 한 명씩 달팽이 그림을 따라 달린다.

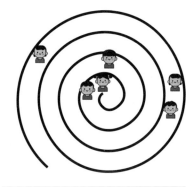

(3) 각 팀별로 만나면 가위바위보를 한다.

(4) 이긴 사람은 계속 달려가고 진 사람은 바깥으로 나오고 그 뒷 사람이 달려간다.

(5) 가위바위보를 계속하면서 상대 진영에 먼저 발을 디디면 이기게 된다.

3) 더 놀기

○ 달팽이집을 2개 이어서 붙이면 운동량을 더욱 늘릴 수 있다.

○ 뛰어가는 방식을 한 발, 토끼발, 오리걸음으로 뛰어가면서 변화를
줄 수 있다.

다. 땅따먹기

1) 놀이 만나기

개요 과유불급이라 했다. 욕심이 지나치면 일을 그르칠 수 있다는 교훈이 담겨 있는 바로 그 놀이! 땅따먹기이다.

유래 유래는 밝혀지지 않았지만 땅을 소유하고 싶은 마음은 우리 대대로의 욕망이다. 농업 혁명 이후로 땅을 가꾸고 경작하여 우리들의 생존을 보존할 수 있게 되었다. 이런 땅을 사랑하는 인간들의 마음이 흘러 넘쳐 생긴 놀이가 아닐까 추측된다.

장소 운동장

적정인원 2~4명

욕심과 도전정신 그 중간 # 운동장 # 조약돌, 구슬
3번 안에 내 땅으로 돌아오기

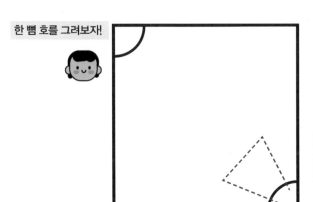

한 뼘 호를 그려보자!

3번 안에 들어오면 돼!
멈춘 부분에 표시해두는
것 잊지마!

(1) 큰 사각형을 운동장에 그린다.

(2) 사격형의 꼭짓점에서 손가락 한 뼘으로 호를 그린다.

(3) 돌을 3번 팅겨서 다시 집으로 돌아온다. 돌이 멈춘 자리를 표시해 둔다.

(4) 돌이 무사히 돌아오면 표시해둔 점을 이은 땅이 내 땅이 된다.

(5) 밖으로 나가거나 상대의 땅에 들어가거나 3번 안에 내 땅으로 돌아오지 못
하면 기회가 상대에게 넘어간다.

3) 더 놀기

놀이의 변형

○ 규칙을 바꾸어 상대에게 넘어가도 땅을 뺏을 수 있도록 해도 좋다.

라. 무궁화 꽃이 피었습니다

1) 놀이 만나기

개요 얼음이 되어 있는 아이들을 보면 왠지 모르게 웃음이 세어 나온다. 정적으로 보인다. 하지만 심장이 콩닥콩닥거리면서 마지막에 줄을 끊고 달릴 때는 정말 다이나믹하고 즐거운 놀이이다.

유래 일본의 '다루마상가 코론다'라는 놀이에서 무궁화 꽃으로 바꾸어 파생된 놀이이다. 일본의 놀이에서 나왔지만 일제강점기에 일제에 저항하고자 하는 의미를 담고 있으니 태동된 정신만큼은 전혀 다르다고 할 수 있다.

장소 교실, 운동장

적정인원 4~12명

\# 움직이지 않는 절제력 \# 교실, 운동장
\# 오징어 게임 등장 전통놀이 \# 귀여운 무궁화 꽃이 피었습니다

2) 놀이 즐기기

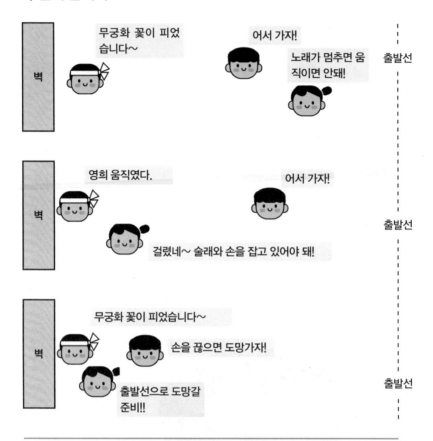

(1) 술래는 벽을 보고 선다.

(2) 10m 정도 떨어진 곳에 선을 긋고 나머지 아이들은 술래를 보고 선다.

(3) 술래는 '무궁화 꽃이 피었습니다'라는 노래가 끝나면 뒤를 돌아본다.

(4) 나머지 아이들은 술래를 향해 이동하다 노래가 끝나면 움직이지 않는다.

(5) 움직인 아이들이 있으면 술래와 새끼 손가락을 잡고 선다.

(6) 움직이지 않고 술래와 첫 번째 걸린 사람 사이 손을 끊으면 출발선으로 도망 가고 술래가 터치한 사람이 술래가 된다.

(7) 모두 다 아웃이 되면 첫 번째 아웃된 사람이 술래가 된다.

3) 더 놀기

놀이의 변형

○ 형용사를 하나씩 붙여 '무궁화 꽃이 피었습니다'를 하면 더욱 재미
있다. 예를 들어 귀여운 무궁화 꽃이 피었습니다. 정지 동작에 귀여
운 포즈를 한다.

놀이 팁

○ 아이들이 움직이지 않았다고 우기는 경우가 있는데 술래가 지정한
사람은 반드시 아웃된다라는 사실을 알리고 시작한다.

마. 비석치기

1) 놀이 만나기

개요 납작한 돌을 잘 주워와야 승리를 할 수 있는 놀이이다. 균형감과 협응성이 매우 발달하는 데 도움이 많이 되는 놀이이다.

유래 비석치기의 유래는 정확히 알려지지 않았다. 비석이란 의미가 '돌을 날리다'라는 뜻으로 보아 기왓장이나 돌이 많은 우리나라에서 돌을 날려 맞추는 것에서 발전한 놀이라고 하는 주장과 돌이 세워진 모양이 '묘지의 비석 같다'라는 뜻으로 붙여진 이름이라고 하는 주장이 있다.

장소 교실, 운동장

준비물 납작한 돌, 비석치기용 나무

적정인원 2~8명

\# 균형감과 협응성 \# 교실, 운동장
\# 납작한 돌 또는 비석치기용 나무
\# 깽깽이부터 떡장수까지

2) 놀이 즐기기

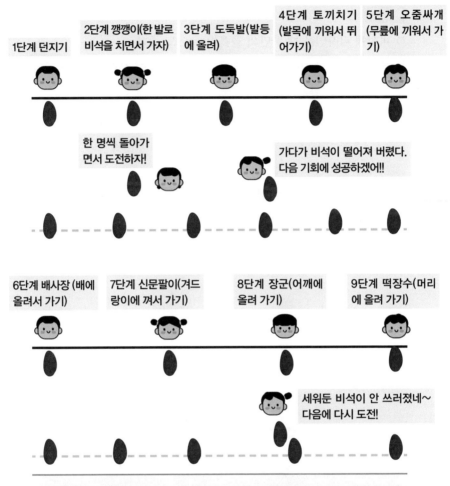

1단계 던지기

2단계 깽깽이(한 발로 비석을 치면서 가자)

3단계 도둑발(발등에 올려)

4단계 토끼치기(발목에 끼워서 뛰어가기)

5단계 오줌싸개(무릎에 끼워서 가기)

한 명씩 돌아가면서 도전하자!

가다가 비석이 떨어져 버렸다. 다음 기회에 성공하겠어!!

6단계 배사장 (배에 올려서 가기)

7단계 신문팔이(겨드랑이에 껴서 가기)

8단계 장군(어깨에 올려 가기)

9단계 떡장수(머리에 올려 가기)

세워둔 비석이 안 쓰러졌네~ 다음에 다시 도전!

(1) 넘어뜨릴 비석을 준비하고 5m 떨어진 선에서 출발하여 세워둔 비석에 가서 맞춰서 쓰러뜨리면 성공이다.

(2) 던져 넘어뜨리기 - 한 발로 비석을 치면서 가서 맞추기(깽깽이) - 발등에 올려 맞추기(도둑발) - 발목에 끼워서 맞추기(토끼치기) - 무릎에 끼워서 맞추기(오줌싸개) - 배에 올려서 맞추기(배사장) - 겨드랑이에 끼워서 맞추기(신문팔이) - 어깨에 올려서 맞추기(장군) - 머리에 올려서 맞추기(떡장수), 이 단계를 먼저 통과한 사람이 이긴다.

(3) 비석을 쓰러뜨리지 못하거나 비석까지 가다가 비석을 떨어 뜨리면 상대에게 기회가 넘어간다.

3) 더 놀기

○ 비석에 디자인을 해 나만의 돌을 만들어도 좋다.

○ 세우는 비석에 내가 버리고 싶은 습관들을 적어 쓰러뜨리면서 학기 초 활동으로 활용해도 좋다.

바. 산가지 놀이

1) 놀이 만나기

개요 한국식 젠가 게임, 나뭇가지들을 모아서 흐뜨려 놓고 조심스럽게 하나씩 꺼내보자! 집중력과 상황판단력이 요구되는 놀이이다.

유래 산가지란 수를 세는 막대를 뜻한다. 대나무로 만들었고 이후에 산가지가 필요 없어지면서 이를 가지고 놀이를 만든 것이리라 짐작된다.

장소 교실

준비물 산가지(나무젓가락)

적정인원 2~6명

#신중함을 배우는 놀이 #교실
#산가지(나무젓가락) 약 30개
#한국식 젠가 놀이

2) 놀이 즐기기

(1) 가위바위보로 순서를 정한다.

(2) 1등부터 산가지나 손으로 다른 산가지를 떼어낸다. 이때 자기가 떼어 내려고 했던 산가지 외에 다른 것들을 건드리게 되면 그 자리에 그대로 둔다.

(3) 산가지가 없어질 때까지 하며 산가지를 가장 많이 가져간 사람이 이긴다.

3) 더 놀기

놀이의 변형

산가지 쌓기

○ 산가지 쌓기

    ① 우물정자 모양(井) 으로 산가지를 쌓아 올린다.

    ② 가위바위보를 해서 이긴 사람은 산가지를 2개 올리고 진 사람은 산가지를 올리지 못한다. 비기면 산가지를 1개씩 올린다.

    ③ 산가지를 모두 쓸 때까지 더 높게 쌓아 올린 사람이 이긴다.

○ 산가지 기억력 놀이

    ① 산가지로 그림처럼 만든다.(집 모양, 화살표 등)

    ② 술래는 눈을 감고 다른 친구들이 살짝 바꾼다.

    ③ 바뀐 부분을 찾아낸다.

○ 주사위 산가지

    ① 자기 앞에 1개 2개 3개 4개 5개 6개를 섞어 놓는다.

    ② 주사위를 던져 3이 나오면 3개 산가지 뭉텅이에서 1개를 가져가고 주사위 6이 나오면 6개 산가지 뭉텅이에서 1개를 가져간다.

사. 자치기

1) 놀이 만나기

개요 자연물을 활용한 오래된 놀이, 조선판 야구놀이, 위험해 보일 수 있지만 규칙이 있고 규칙만 잘 지킨다면 생각보다 안전한 놀이이다.

유래 자치기는 조선 이전에도 널리 유행했던 놀이이다. 특히 베트남, 중국, 인도 등 다른 나라에서도 이런 방식의 놀이가 있었던 것으로 보아 자연발생적으로 생성된 놀이라고 생각해도 된다.

장소 운동장

준비물 어미자, 새끼자

적정인원 8~20명

\# 자기구역을 책임지는 자세 \# 운동장 \# 새끼자, 어미자
\# 수비가 새끼자 원에 던져 1단계, 2단계, 3단계 결정

2) 놀이 즐기기

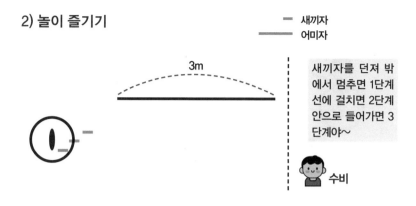

새끼자
어미자

3m

새끼자를 던져 밖에서 멈추면 1단계 선에 걸치면 2단계 안으로 들어가면 3단계야~

수비

(1) 지름 50cm 정도 원을 그린다. 원 안에는 새끼자가 걸칠 수 있는 구멍을 판다. 3m 떨어진 곳에 선을 긋는다. 수비팀은 원으로 새끼자를 던진다. 원 안에 떨어지면 1단계, 선에 걸치면 2단계, 원 밖에 들어가면 3단계 공격을 한다.

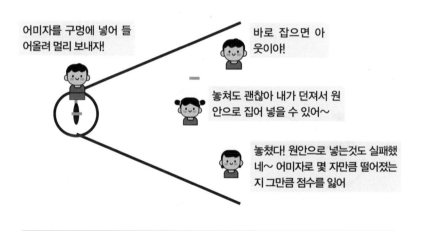

어미자를 구멍에 넣어 들어올려 멀리 보내자!

바로 잡으면 아웃이야!

놓쳐도 괜찮아 내가 던져서 원 안으로 집어 넣을 수 있어~

놓쳤다! 원안으로 넣는것도 실패했네~ 어미자로 몇 자만큼 떨어졌는지 그만큼 점수를 잃어

(2) 1단계는 새끼자를 구멍 위에 올려 놓고 어미자로 들어 올려 멀리 보낸다. 이를 바로 잡으면 공격수는 아웃이 된다. 받지 못했을 경우 수비측 누군가가 새끼자를 던져 원 안에 집어 넣으면 공격수가 아웃된다. 집어 넣지 못하면 몇 자 떨어졌는지 확인하여 점수를 얻는다

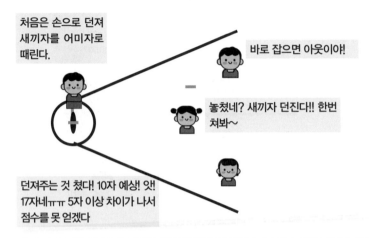

처음은 손으로 던져
새끼자를 어미자로
때린다.

바로 잡으면 아웃이야!

놓쳤네? 새끼자 던진다!! 한번
쳐봐~

던져주는 것 쳤다! 10자 예상! 앗!
17자네ㅠㅠ 5자 이상 차이가 나서
점수를 못 얻겠다

(3) 2단계는 새끼자를 손으로 던져 어미자로 칩니다. 이를 바로 잡으면 아웃이
됩니다. 받지 못했을 경우 새끼자를 공격수 쪽으로 던진다. 이를 헛치거나
새끼자가 원에서부터 한 자 밑으로 떨어지면 아웃이 된다. 되친 자를 바로
잡아도 아웃된다. 만약 잡지 못했을 경우, 공격수에게 새끼자를 던져 주면
이를 다시 쳐서 어미자의 몇 배가 되는지 측정해서 점수를 얻는다. 이때 예
측을 하는데 예측이 5자 이상 빗나가면 점수를 얻지 못한다.

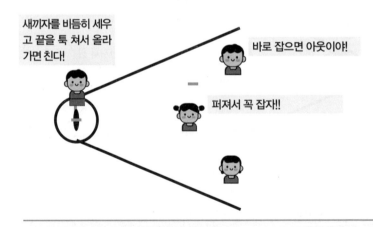

새끼자를 비듬히 세우
고 끝을 툭 쳐서 올라
가면 친다!

바로 잡으면 아웃이야!

퍼져서 꼭 잡자!!

(4) 3단계는 새끼자를 비스듬히 두고 어미자로 툭 쳐 올라온 새끼자를 쳐서 점
수를 얻는다. 이때 바로 잡으면 아웃이 된다. 새끼자가 떨어진 곳이 어미자의
몇 배가 되는지 확인해서 점수를 얻는다.

3) 더 놀기

잘하는 방법

○ 2단계가 비교적 위험하다. 생략해도 된다.

○ 손이 다치지 않도록 야구글로브를 활용해도 좋다.

5. 활용하기 쉬운 외국 전통놀이

가. 다루마오토시

1) 놀이 만나기

`개요` 일본말로 달마 살리기 놀이로 달마 대사가 돌 위에서 수련하는 모습을 보고 착안하여 놀이를 만들었다고 전해진다. 아래의 돌부터 하나하나 없애 달마를 한 칸씩 내려오게 하면 된다.

`나라` 일본

`장소` 교실

`준비물` 다루마오토시 놀이 도구, 쌓기나무, 나무망치

`적정인원` 2~6명

\# 외국 문화 수용하는 태도 \# 일본 \# 교실
\# 다루마 오토시 놀이 세트, 쌓기나무

2) 놀이 즐기기

(1) 아래에서부터 차근차근 하나씩 망치로 쳐서 빼낸다.

(2) 제일 위에 있는 달마를 무너지지 않고 구하면 된다.

3) 더 놀기

잘하는 방법

○ 다루마오토시 놀이기구를 굳이 살 필요는 없다. 나무쌓기를 색칠하
   거나 꾸며서 하면 아이들만의 특별한 놀이가 될 수도 있다.

○ 망치가 없다면 손가락으로 튕겨도 된다.

나. 쏭카(씨앗옮기기)

1) 놀이 만나기

개요 필리핀식 고누놀이라고 봐도 된다. 쏭카 판에 씨앗을 놓고 반시계방향으로 하나씩 놓으면서 하는 놀이이다. 치열한 두뇌싸움이 필요한 지력대결의 승자는 누가 될 것인가?

나라 필리핀

장소 교실

준비물 쏭카판, 조개 또는 씨앗

적정인원 2명

\# 필리핀의 두뇌 싸움 놀이 \# 쏭카판, 조개 또는 씨앗
\# 교실 \# 씨앗을 반시계 방향으로 하나씩

2) 놀이 즐기기

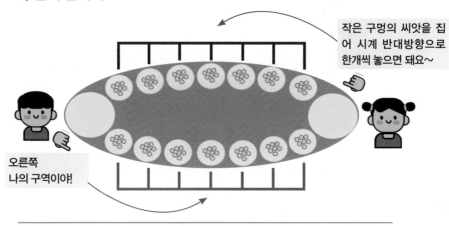

작은 구멍의 씨앗을 집어 시계 반대방향으로 한개씩 놓으면 돼요~

오른쪽 나의 구역이야!

(1) 자신과 가까운 큰 구멍과 오른쪽 구멍들이 나의 영역이다.

(2) 큰 구멍을 제외한 한 칸당 7개씩 씨앗을 집어 넣는다. 구멍은 14개이다.(큰 구멍 제외)

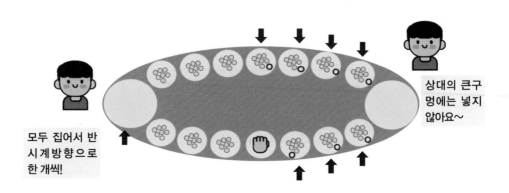

상대의 큰구멍에는 넣지 않아요~

모두 집어서 반시계방향으로 한 개씩!

(3) 한 구멍의 씨앗을 모두 집어 반시계방향으로 한 개씩 넣는다.

(4) 상대의 큰 구멍에는 넣을 수 없다.

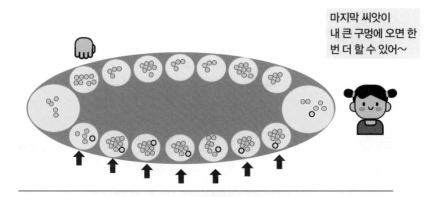

(5) 마지막 씨앗이 내 큰 씨앗구멍에 들어가면 한 번 더 기회가 주어진다.

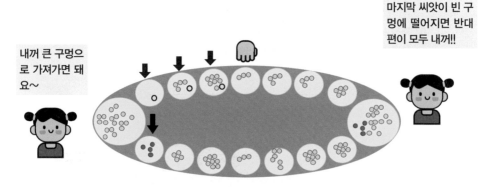

(6) 마지막에 놓는 씨앗이 <u>빈 구멍</u>에 들어가면 반대편 사이드에 있는 씨앗을 가져간다.

(7) 작은 구멍에 씨앗이 없을 때 더 많은 씨앗을 내 큰 구멍에 모은 사람이 이긴다.

3) 더 놀기

놀이 팁

○ 쏭카판이 없다면 도화지에 칸을 그려도 좋다.

○ 공기돌, 자연돌을 사용해도 좋다.

다. 쩌이쭈엔(공기놀이)

1) 놀이 만나기

개요 베트남과 우리나라는 비슷한 놀이가 굉장히 많다. 그중에서도 특히 공기놀이와 비슷한 놀이가 있는데 바로 쩌이쭈엔이다. 아주 먼 나라지만 베트남은 왠지 모르게 우리와 비슷한 구석이 많은 나라이다. 다문화교육에서 많이 활용할 수 있는 자료 중에 이런 전통놀이를 활용하면 좋을 것이다.

나라 베트남

장소 교실

준비물 나무젓가락 10개, 공깃돌(또는 공)

적정인원 2~6명

베트남 공기놀이　# 교실놀이　# 나무젓가락 10개, 공깃돌 또는 공
비슷하면서도 다른 느낌

2) 놀이 즐기기

(1) 공깃돌을 던지고 나무젓가락을 뿌리고 다시 잡는다.

(2) 공깃돌을 던지고 1개씩 잡는다.

(3) 통과하면 공깃돌은 던지고 2개씩 잡는다. 이런식으로 마지막에는 10개를 모두 한 번에 잡으면 성공이다.

(4) 먼저 10단계를 통과한 사람이 이기게 된다.

3) 더 놀기

잘하는 방법

○ 자연친화적으로 즐기고 싶다면 나뭇가지를 모아서 놀이해도 좋다.

○ 공이 있다면 바닥에 튕기면서 나무젓가락을 잡아도 좋다.

라. 타지앤즈(제기차기)

1) 놀이 만나기

개요 중국식 제기차기로 우리나라 제기차기와 굉장히 유사한 놀이 방식이다.

나라 중국

장소 체육관, 운동장

준비물 중국식제기, 한국 제기도 가능

적정인원 2~6명

\# 중국식 제기 차기 \# 중국식 제기 \# 체육관, 운동장
\# 다양한 신체 부위 활용

2) 놀이 즐기기

(1) 제기를 차는 동작을 반복한다.
(2) 다양한 신체 부위를 활용하며 단체로 찬다.
(3) 과이티-발의 옆부분 / 뻥티-발등 / 떵티-발바닥 / 커티-발꿈치

3) 더 놀기

잘하는 방법

○ 제기를 주고받은 개수로 승부를 내며 팀경기로 할 수도 있다.
○ 우리나라 제기를 활용해도 좋지만 새로운 느낌을 주고 싶다면, '중국제기차기'를 검색하면 타찌앤즈를 손쉽게 구입할 수 있다.

마. 티니클링(점프밴드)

1) 놀이 만나기

개요 티니클링은 필리핀 전통놀이로 필리핀에서 잘 자라는 대나무를 활용해서 박자에 맞춰 스텝을 밟는 놀이이다. 박자감, 협동력이 필요한 놀이이다. 하지만 우리나라에서는 대나무를 구하기가 쉽지 않으니, 점프밴드를 활용하면 된다.

나라 필리핀

장소 교실

준비물 대나무 4개 또는 점프밴드

\# 흥겹게 리듬에 맞춰서 하기 \# 대나무 4개 \# 교실
\# 점프밴드와 유사

2) 놀이 즐기기

(1) 양 끝 두 사람은 대나무를 잡는다.
(2) 3박자에 맞춰 대나무로 박자를 탄다.
(3) 그 사이를 스텝을 밟으며 노래에 맞춰 점프를 하면서 넘어 다닌다.

3) 더 놀기

놀이의 변형 – 점프밴드

○ 양 끝 두 사람이 점프밴드를 잡는다.

○ 4박자에 맞춰 노래를 부르며 스텝을 밟는다.

잘하는 방법

○ 양 끝 사람들이 발에 점프밴드를 끼고 같이 뛰면 같이 즐겁게 할 수 있다.

○ 밴드를 다리로 밟아 바닥에 붙게 만들면 비교적 쉽게 연습할 수 있다.

○ 대나무를 구하기 어렵다면 펀스틱을 연결해 길게 이어 붙여 대나무로 활용해도 좋다.

START ➔

교실 놀이

1. 교실놀이를 준비해요

가. 배움을 더하는 교실놀이

학생들은 학교에서 수업에 많은 시간을 보내지만, 학생들이 가장 좋아하는 시간은 쉬는 시간과 점심시간이다. 배움을 더하는 교실놀이에서는 학생들이 쉬는 시간처럼 수업에 즐겁게 참여할 수 있는 다양한 놀이를 담았다. 배움을 더하는 교실놀이를 통해, 학생들은 배운 내용을 자연스럽게 정리하고 앞으로 배울 내용도 가볍게 훑어보며 수업시간에 주도적으로 참여할 수 있을 것이다.

나. 의미를 더하는 교실놀이

놀이는 학생들에게 즐거움뿐만 아니라 친구들과 어울리는 방법을 배울 수 있는 유익한 활동이다. 의미를 더하는 교실놀이에서는 바람직한 인격 형성을 위한 여러 가지 덕목을 함양하고 어색했던 친구들과도 자연스럽게 가까워지는 놀이를 담았다. 친구를 믿고, 서로의 마음에 공감하는 의미를 더하는 놀이로 학생들의 인성교육에도 도움이 될 것이다.

2. 배움을 더하는 교실놀이

가. 교과서와 친해지기 '교과서 탐정놀이'

1) 놀이 만나기

놀이 소개

교과서는 가장 대표적인 학습준비물이다. 첫인상처럼 새 학기에 학생들과 교과서의 첫 만남도 중요하다. '교과서 탐정놀이'는 낯선 교과서가 학생들에게 친근하고 가까운 존재가 될 수 있는 활동이다. 학생들은 처음 본 교과서와 친해지고 배울 내용을 자연스럽게 예습하며 수업에 대한 자신감도 높일 수 있다.

준비물 교과서, 포스트잇, 타이머

\# 수업 첫 시간   \# 교과서와 친해지기   \# 예습 효과

가장 사람이 많은 쪽수를 펼치세요!

와 이겼다!

2) 놀이 즐기기

① 포스트잇에 여러 가지 질문을 적고 질문함에 넣는다.

  (예: 사람 또는 동물이 많은 페이지, 글자 크기가 큰 페이지 등)

② 놀이에 참가하는 친구들은 교과서를 들고 선다.

③ 교사가 질문함에서 질문을 꺼내어 말한다.

④ 활동형태에 따라서 다음과 같이 활동한다.

  – 짝과 함께할 경우, 마주 보며 서로가 펼친 페이지를 확인한다.

  – 팀 대항으로 할 경우, 팀원들이 다 같이 펼친 페이지를 확인한다.

⑤ 질문에 가장 부합하는 페이지를 펼친 학생이 이긴다.

3) 더 놀기 – 변형활동[배움지도 그리기]

  새 학년, 새 학기를 시작하는 학생들이 한 학기 동안 어떤 내용을 배우게 될지 살펴보고 준비하는 과정이다.

준비물 각 팀당 4절지 마분지, 이면지

활동단계

① 좋아하는 과목별로 팀을 나눈다.

  (한 팀당 3~4명)

② 교과서 속 학습주제 및 핵심단어를 찾는다.

③ 배움지도를 그릴 방법(그림 형태, 마인드맵)을 떠올린다.

④ 팀원들과 역할(내용 요약, 옮겨 적기, 틀 구상, 그림 그리기)을 분담하고 배움지도를 그린다.

⑤ 배움지도를 직소 학습※으로 살펴본다. 각 팀별 큐레이터가 배움지도를 소개하고, 학생들은 각 교과별 핵심내용을 익힌다.

  ※ 직소학습: 여러 조각을 협력하여 맞추며 하나의 완성된 그림을 만드는 직소
    퍼즐(jigsaw puzzle)에서 유래된 집단협동학습을 말함.

⑥ 배움지도에서 알게 된 내용과 관련 퀴즈를 푼다.

⑦ 배움지도를 학급 환경판에 게시한다.

나. 교과서로 팀빌딩 놀이하기(학기초)

1) 놀이 만나기

놀이 소개

  학기초 또는 학기말에 교과서를 활용한 교실놀이는 학생들에게 딱딱한 존재였던 교과서를 새롭게 볼 수 있게 하는 활동이다.

  교과서 탑 쌓기, 롤링볼 활동은 학급 내 소속감을 다지기에 좋은 활동이다. 팀빌딩 첫 번째 활동으로 팀원들과 교과서 탑 높이 쌓기를 진행하고, 두 번째 활동으로 학급 전체가 참여하는 롤링볼 만들기 활동을 진행하는 것을 추천한다.

준비물 교과서, 탁구공

#협응력 향상 #교과서 #탑 쌓기 #롤링볼

2) 놀이 즐기기

교과서 탑 쌓기

① 'ㅁ'형태로 책상을 배치하고 책상 위를 깔끔하게 정리한다.

② 각 팀별로 20권(개인당 5권) 정도의 교과서를 준비한다.

③ 정해진 시간 동안 팀원과 협력하여 교과서 탑을 쌓는다.

④ 가장 높이 교과서 탑을 쌓은 팀이 이긴다.

교과서 롤링볼

① 교과서 한 권을 들고 교실 모서리에 한 줄로 선다.

② 출발점에 위치한 학생부터 교과서를 말아서 옆으로 탁구공을 굴린다. 공을 잘 굴렸다면 줄의 맨 끝으로 이동한다.

③ 공이 바닥에 떨어지면 그 지점에서 다시 공을 굴린다.

④ 도착점에 도달할 때까지 ②~③을 반복한다.

⑤ 탁구공이 도착점에 도착하면 다 같이 '만세'를 외친다.

3) 더 놀기 – 잘하는 방법

○ 학생들이 무작정 교과서 탑을 쌓으면 쉽게 무너지는 경우가 많다. 탑을 쌓기 전에 어떻게 하면 튼튼하게 쌓을 수 있는지 고민해보는 시간을 가지도록 한다.

○ 롤링볼이 교실 테두리 출발점에서 도착점까지 걸리는 시간을 측정하고 기록을 단축하게 한다. 학생들은 자신뿐만 아니라 다른 학생들도 응원하며 학급 내 소속감과 단결력을 기를 수 있다.

○ 탁구공이 하나일 경우, 기다리는 친구들은 다소 지루할 수도 있다. 학생들의 숙련도에 따라서 탁구공 2~3개를 추가하면 더 흥미진진한 놀이를 할 수 있다.

다. 교과서로 팀빌딩 놀이하기(학기말)

1) 놀이 만나기

놀이 소개

방학식을 앞두고 대청소를 할 때, 다 쓴 교과서 정리로 골머리를 앓는 경우가 있다. 다 쓴 교과서를 활용하면 학기말 학생들의 스트레스를 시원하게 날릴 수 있다. 학생들은 자신의 걱정거리를 종이에 투영하여 찢고 던지며 심리적인 안정감을 얻을 수 있다.

준비물 다 쓴 활동지, 진도가 끝난 교과서

스트레스 해소 # 다 쓴 교과서 # 신나는 책거리

2) 놀이 즐기기

종이뭉치와 함께 스트레스 날리기

① 개별로 다 쓴 교과서 한 권 또는 활동지 묶음을 준비한다.

② 교과서 또는 활동지에 각자의 걱정거리를 크게 적는다.

③ 학생들이 적은 걱정거리를 함께 살펴보고, 대표적인 걱정거리 2개로 팀을 나눈다.

④ 학생들이 너무 가까운 거리에서 종이뭉치를 던지지 않도록 책상으로 안전구역을 정한다.

⑤ 팀별로 교과서와 활동지를 찢어서 종이뭉치를 준비한다.

⑥ 교사는 5라운드에 걸쳐서 놀이를 진행한다. 각 라운드당 2분 놀이시간, 1분 정비시간으로 안내한다.

종이뭉치로 우리반 연결고리 만들기

① 각 팀별로 4명씩 책상을 한 줄로 만든다.

② 주어진 시간 동안 종이뭉치를 연결하여 하나로 길게 잇는다.

③ 팀별로 만든 종이뭉치를 들었을 때, 가장 긴 종이뭉치를 만든 팀을 뽑는다. 종이뭉치가 가장 긴 팀을 중심으로 종이뭉치를 하나로 잇는다.

④ 종이뭉치로 된 우리반 연결고리가 만들어지면 함께 들어보고 사진을 찍으며, 활동에 참여한 소감을 나누어 본다.

3) 더 놀기 – 잘하는 방법

○ 학생들이 걱정거리를 말할 때, 대인관계와 관련된 내용이라면 특정 인물을 직접적으로 언급하지 않도록 지도한다.

○ 학생들의 마음을 달래주기 위해 종이뭉치를 던질 땐, 학생이 스트레스를 날려버릴 수 있는 말도 함께 하면 좋다.(예: 사라져버려!) 다만, 비속어 사용을 하지 않게끔 사전에 학생들과 어떤 말을 주고받아야 하는지를 주제로 사전에 얘기를 나눠보는 것이 좋다.

라. 캐치마인드

1) 놀이 만나기

캐치마인드는 특정 제시어에 대해, 한 사람이 그림으로 설명하고, 다른 사람들이 특정 제시어가 무엇인지 알아맞히는 활동이다. 문제를 내는 사람의 그림 실력이 뛰어나지 않더라도 창의성을 잘 발휘한다면 문제를 내는 사람과 맞히는 사람도 모두 즐겁게 활동에 참여할 수 있다.

칠판 또는 작은 화이트보드, 보드마카, 보드마카 지우개

창의성　# 순발력　# 미술 연계　# 넌센스 퀴즈

2) 놀이 즐기기

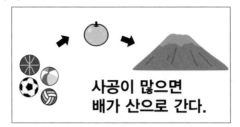

① 캐치마인드 주제(동물, 인물, 속담 등)를 정하고 놀이규칙(시간, 그리는 방법, 문제 넘김 횟수)을 안내한다.

② 팀에서 캐치마인드 출제자와 풀이자 역할을 정한다.

③ 교사는 각 팀에게 다양한 난이도가 담긴 캐치마인드 문제 꾸러미를 제시한다.

④ 주어진 시간 동안 가장 많은 문제의 정답을 맞힌 팀이 이긴다.

⑤ 학생들의 풀이 수준에 따라서 시간 증감 또는 힌트 제공으로 난이도를 조절한다.

⑥ 정답을 가장 많이 맞힌 팀이 이긴다.

3) 더 놀기 – 잘하는 방법

○ 학급 전체가 문제 풀이 참여하기: 단시간에 캐치마인드를 표현하기 어려워하는 친구들이 있다. 이런 경우, 학생들에게 각자 표현할 문제를 미리 알려주고 충분히 생각할 시간을 준 다음, 모두가 캐치마인드를 표현하게 하는 것도 좋은 방법이다.

○ 팀별로 문제 출제하고 풀이 참여하기: 고학년의 경우, 그림 실력이 뛰어난 학생들이 많다. 학생들이 직접 문제를 출제하면 보다 더 즐겁게 놀이에 참여할 수 있다. 단, 문제 난이도가 달라질 수 있으니 교사가 사전에 미리 검토해보는 것이 좋다.

마. 몸으로 말해요

1) 놀이 만나기

놀이 소개

　몸으로 말해요 놀이는 예능 프로그램과 레크리에이션에서 많이 나오는 활동 중 하나이다. 출제자가 특정 주제를 비언어적인 표현으로 설명하고 다른 학생들은 정답을 맞히는 과정을 통해, 창의력과 수업에 대한 참여도를 높일 수 있다. 놀이 주제에 따라서 여러 교과에서 학생들의 수업 참여를 높일 수 있다.

준비물 문제가 담긴 프레젠테이션 또는 문제 꾸러미

＃창의력　＃발표력　＃속담퀴즈　＃몸개그

2) 놀이 즐기기

① 각 팀을 4~5명으로 구성
하고, 문제 꾸러미를 뽑
는다.

② 교실의 앞뒤 공간에 설명 코
너와 풀이 코너를 만든다.

③ 팀 내에서 문제를 몸짓으
로 표현하는 순서를 정하고, 첫 주자는 설명 코너에서 준비한다.

④ 시작 신호가 울리면 첫 주자가 몸짓으로 설명하고, 풀이 코너에 있
는 친구들이 정답을 맞힌다.

⑤ 정답을 맞히면, 풀이 코너에 있던 다음 주자가 설명 코너로 가고 설
명 코너에 있던 주자는 풀이 코너로 돌아온다.

⑥ 종료 신호가 울릴 때까지 활동을 반복한다.

⑦ 학생들의 참가수준에 따라서 문제 패스, 힌트 개수를 조정한다.

3) 더 놀기 – 잘하는 방법

○ 몸짓으로 소개하는 것을 어려워하는 친구가 있다면 표현에 자신 있
는 친구들에 한하여 문제를 출제하게 해도 좋다.

○ 교사가 문제 꾸러미별로 최대한 난이도를 비슷하게 맞추겠지만 학
생들이 느끼는 난이도가 다를 수 있다. 문제 꾸러미를 고르는 것 또
한, 놀이의 일부라고 학생들에게 사전에 안내하는 것이 좋다.

○ 난이도를 더 높이고 싶다면, 전 팀원들이 뒤돌아있고 첫 주자가 다
음 주자에게, 다음 주자가 그 다음 주자에게 1대1로 설명하고 마지
막 주자가 답을 말하도록 한다.

바. 다수결 게임

1) 놀이 만나기

놀이 소개

　다수결 게임은 학생들이 자연스럽게 토론 및 토의의 과정을 체득할 수 있는 활동이다. 고학년이 될수록 토의와 토론 활동에서 자신의 의견을 발표하는 데 어려움을 겪는 친구들이 많다. '피자 vs 햄버거'처럼 학생들이 평소에 쉽게 접할 수 있는 소재로 다수결 게임을 시작하면, 어느새 누구보다 열띤 토론을 하는 학생들의 모습을 볼 수 있을 것이다.

준비물 학생들의 의견이 비슷한 인원으로 나뉘고 가볍게 얘기하기 쉬운 토론 주제

#다수결 원칙　#발표력 향상　#토론 과정 익히기

2) 놀이 즐기기

피자 3명　　햄버거 2명

① 교실 가운데를 기준으로 책상을 마주 보게 돌린다.
② 학생들의 의견이 비슷하게 나뉠 수 있는 토론 주제(피자 VS 햄버거)를 제시한다.
③ 1분간 토론 주제에 대해 생각해보고 자신의 주장을 정한다.
④ 피자, 햄버거에 대한 인원수를 확인하고, 피자팀과 햄버거팀의 대표를 뽑는다.
⑤ 피자 주장이 완고한 학생부터 앞쪽에서부터 차례대로 앉는다. 뒤쪽에 앉은 학생은 자신의 주장이 쉽게 바뀔 수 있는 학생이다.
⑥ 햄버거 주장이 완고한 학생부터 뒤쪽에서부터 차례대로 앉는다. 앞쪽에 앉은 학생은 자신의 주장이 쉽게 바뀔 수 있는 학생이다.
⑦ 마주 보게 된 학생들은 1라운드(2분)동안 1대1 토론에 참여한다.
⑧ 1라운드가 끝나고, 마음이 바뀐 친구들은 다시 자리에 앉고 2라운드를 실시한다.
⑨ 5라운드까지 실시 후, 토론주제에 대한 자신의 입장을 비공개투표(포스트잇 활용)로 응답한다.(④번 단계와 달리, 주장이 바뀐 것에 대하여 같은 입장이었던 친구들의 눈치를 보는 경우가 발생하므로 비공개투표를 실시한다.)
⑩ 각 주장에서 다수결 게임 처음보다 인원수가 더 늘어난 팀이 승리한다.

3) 더 놀기 – 변형활동[학기초 자기소개 퀴즈]

○ 다수결 게임 문제 주제를 학생들 자신과 관련된 내용으로 정한다면 학기초 친목을 다지는 활동으로도 활용할 수 있다.

사. 포스트잇 문제은행 놀이

1) 놀이 만나기

놀이 소개

포스트잇은 수업시간뿐만 아니라 다양한 활동을 가능하게 하는 유용한 도구이다. 배운 내용에 대한 문제 만들기, 소감 나누기 등 짧은 시간에 학생 주도적인 의견 나눔 활동을 가능하게 한다.

준비물 포스트잇, 학습노트

포스트잇은 특정주제에 대한 학생들의 생각을 모아서 정리할 때 유용한 준비물이다. 육각형 포스트잇, 포스트잇 76mm는 정사각형 사이즈로써, 두루두루 유용하게 사용된다.

#수준별 학습 #포스트잇 #문제 만들기 #학습내용 정리

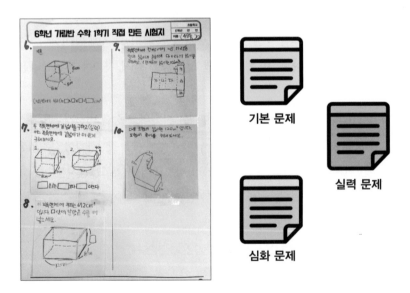

기본 문제

실력 문제

심화 문제

2) 놀이 즐기기

① 포스트잇 문제은행 놀이에 적합한 교과, 단원, 차시를 소개한다.

② 학생들은 심화(파란색), 실력(주황색), 기본(노란색) 포스트잇을 챙긴다.

③ 학생들에게 심화, 실력, 기본 난이도 예시문제를 보여준다.

④ 학생들은 자신이 출제하고 싶은 난이도를 골라서 포스트잇에 문제를 2개 만든다.

⑤ 2개 문제 중 하나는 가지고, 다른 하나는 칠판에 게시한다.

⑥ 문제은행 놀이가 시작되면, 같은 난이도인 친구들과 만나서 포스트잇의 문제를 바꿔서 학습노트에 풀이한다. 시간이 남는 친구들은 학습보드판에 게시된 다른 난이도 문제를 풀이한다.

⑦ 전 학생들이 7개의 문제를 바꾸어 풀 때까지 놀이를 진행한다.

3) 더 놀기 – 변형활동[포스트잇으로 안성맞춤 자리 바꾸기]

○ 모둠장으로 추천할 학생을 남녀 2명씩 이름과 추천 까닭을 포스트잇에 적는다.

○ 포스트잇에 적힌 이름과 추천 까닭을 소개한다.

○ 모둠 수만큼 모둠장으로 추천된 학생을 선정한다. 모둠장은 자신이 가고 싶은 모둠을 정한다.

○ 남은 학생들은 여러 가지 방법으로 자리를 바꾸더라도, 추천 받은 학생이 골고루 배치되어 원만한 모둠활동을 진행할 수 있다.

아. 땅따먹기 놀이

1) 놀이 만나기

놀이 소개

　땅따먹기는 전 세계적으로 오래된 전통놀이이다. 땅따먹기는 바닥의 공간을 많이 차지하는 사람이 이기는 영역 다툼 놀이이므로 수학 도형 단원을 가르칠 때 유용하다. 학년에 따라서 도형의 종류, 넓이 구하기와 같은 규칙을 제시하여도 좋다.

준비물 모눈종이 또는 눈금이 그려진 종이, 자, 사인펜

＃ 문제해결력　＃ 땅따먹기　＃ 도형 넓이 구하기　＃ 모눈종이

2) 놀이 즐기기

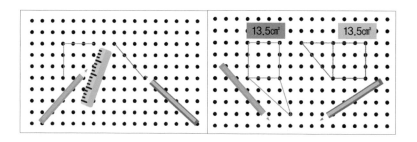

① 짝과 함께 점선이 그려진 A4용지, 자, 사인펜을 준비한다.

② 가위바위보에서 이긴 사람이 두 점을 자로 이어서 직선을 그린다.

③ 가위바위보를 반복하며 이긴 사람이 두 점을 ②번과 동일하게 그린다.(직선을 그릴 때, 그려진 직선을 지나갈 수 없다.)

④ 상대방이 그은 선을 지나지 않는 다각형이 완성되면 자신의 땅이 되므로, 사인펜으로 색칠한다.

⑤ 더 이상 이을 점이 없다면 놀이가 끝난다.

⑥ 색칠한 다각형들의 총 넓이가 가장 큰 사람이 승리한다.

3) 더 놀기 – 잘하는 방법

○ 특정 도형만 그리는 땅따먹기 – 학생들의 성취수준을 고려하여 삼각형과 사각형 중 하나만 그리는 땅따먹기를 진행하면서 놀이 난이도를 조절할 수 있다.

○ 활동지에 그려진 도형 넓이 구하기 – 그려진 도형 모양에 따라 넓이를 구하기 쉽지 않을 수 있다. 한 칸을 반 이상 차지하는 경우까지만 넓이로 구하게 한다.

자. 휴지양궁

1) 놀이 만나기

놀이 소개

　물에 적신 휴지를 공으로 삼아 칠판 과녁에 맞히는 양궁놀이다. 수업도구로만 생각되던 칠판을 놀이 도구로 활용할 수 있다. 학생들은 예상외의 곳으로 날아가는 휴지 뭉치를 보며 즐거움을 느끼고, 과녁 점수를 계산하며 자연스럽게 수학적 문제해결력도 기를 수 있다.

준비물 칠판용 컴퍼스, 휴지 또는 종이뭉치, 칠판에 그려진 수학 과녁판 2개(수가 적힌 과녁판 1개, 수학 기호가 적힌 과녁판 1개), 대형 주사위

문제해결력　# 확률게임　# 휴지뭉치　# 수학 과녁판

2) 놀이 즐기기

① 양궁놀이를 위해 4명씩 한 팀으로 구성하고, 팀 내에서 1~4번 주자를 정한다.

② 칠판용 컴퍼스로 칠판에 과녁판 2개를 그린다.

③ 2개의 과녁판 안에 여러 가지 수(자연수, 소수, 분수)와 수학기호(+ − × ÷)를 각각 적는다.

④ 1번 주자가 [과녁판1]에서 수를 맞히기, 2번 주자가 [과녁판2]에서 수학기호를 맞히기, 3번 주자가 주사위 굴리기, 그리고 4번 주자가 1~3번 주자가 말한 식을 풀이한다.

⑤ 4번 주자의 풀이가 정답이면 그만큼 점수를 획득한다.

⑥ 제한된 횟수 동안 가장 높은 점수를 얻은 팀이 승리한다.

3) 더 놀기 – 잘하는 방법

○ 표적맞추기 활동에 어려움을 느끼는 친구들을 위해 던지는 거리를 좁힐 수 있다. 잘하는 친구들에게 거리를 더 늘리며 난이도를 조절할 수도 있다.

○ 휴지 뭉치를 과녁 한가운데 맞히는 것도 좋지만, 즐거운 교실놀이를 위해 코끼리코 돌기처럼 과감한 규칙을 추가하는 것도 좋다. 엉뚱한 곳으로 날아가는 휴지 뭉치 덕분에 웃음바다가 된 교실을 볼 수 있을 것이다.

차. 찰떡궁합 카드놀이(문제해결력편)

1) 놀이 만나기

놀이 소개

　분수와 소수의 사칙 연산은 초등학교 고학년 학생들이 가장 힘들어하고 계산 실수가 잦은 수와 연산 영역 중 하나이다. 꾸준한 연산 훈련이 중요하지만, 무작정 학생들에게 문제를 풀게 하는 것은 오히려 학습에 대한 흥미를 잃게 만들 수 있다. 찰떡궁합 카드놀이로 학생들의 흥미와 연산 훈련이란 두 마리 토끼를 모두 잡을 수 있을 것이다.

준비물 각 팀별 A4용지 한 장

＃수와 연산 ＃분수의 곱셈과 나눗셈 ＃소수의 곱셈과 나눗셈 ＃A4용지

2) 놀이 즐기기

① 놀이의 조건(분수의 곱셈, 소수의 나눗셈으로 된 식으로 정답이 동일한 문항 만들기)을 정한다.

② 학생들이 4명씩 한 팀을 만들고, 팀 내에서 A~D 역할을 정한다.

③ 팀별로 A4 종이를 한 장씩 나눠주고, A4용지를 3번 접어서 8등분으로 오린다.

④ 8등분 된 종이를 각 학생당 2장씩 나누어 가진다.

⑤ 팀별로 놀이의 조건에 맞게 카드 4쌍을 만든다.

⑥ 한 학급이 20명이라면 20쌍의 카드를 교사가 수합한다.

⑦ 20쌍의 카드를 섞고, 각 팀에게 카드를 8장씩 뒤집어서 나누어 준다.

⑧ 팀별로 카드 8장의 식을 확인하고 정답이 같은 카드 쌍은 따로 **빼놓**고, 짝이 없는 카드는 다시 뒤집어 놓는다.

⑨ 총 4라운드로 A~D 역할별로 한 명씩 돌아가며 자신의 팀에서 짝이 없는 카드와 다른 모둠의 뒤집어진 카드를 바꿔서 자신의 팀으로 돌아간다.

⑩ 팀에서 정답이 같은 쌍의 카드가 생기면 따로 **빼놓**고, 짝이 없는 카드는 다시 뒤집어 놓는다.

⑪ 4라운드가 끝난 후, 정답이 같은 카드 쌍이 가장 많은 팀이 이긴다.

카. 찰떡궁합 카드놀이(암기력편)

1) 놀이 만나기

놀이 소개

찰떡궁합 카드놀이는 같은 카드를 가장 많이 모은 사람이 이기는 놀이이다. 여러 가지 형태이지만 관용표현을 잇는 국어 문제, 여러 가지 역사, 정치 개념에 관한 사회 문제 등 여러 교과에 유용하게 사용할 수 있다. 시중에 유통되는 '고피쉬'와 같은 보드게임도 비슷한 형식의 놀이이다.

준비물 학생별 A4 용지 한 장

개념 익히기　# 기억력 게임　# 고피쉬 게임　# 관용표현

2) 놀이 즐기기

① 놀이의 조건(하나의 속담을 2장의 카드에 쪼개어 적기)을 정한다.

② 학생들이 4명씩 한 팀을 만들고, 팀 내에서 순서를 정한다.

③ 각 팀별로 16장(A4용지 한 장 → 8등분)의 카드를 나누어 준다.

④ 학생들은 개별로 4장의 카드를 가져가서 2개의 속담을 쪼개어 적는다.(예시: 가는 말이 고와야 / 오는 말이 곱다.)

⑤ 16장의 카드를 모아서 섞은 후, 책상 위에 16장을 4×4 배열로 나열한다.

⑥ 차례대로 돌아가며 속담이 이어지는 2개의 카드를 찾는다. 이어지는 카드를 찾지 못하면 다음 주자에게 기회가 넘어간다.

⑦ 이어지는 카드를 가장 많이 얻은 사람이 이긴다.

⑧ 놀이가 끝나면 다른 팀과 카드를 교환하고 놀이를 시작한다.

3) 더 놀기 – 변형활동[고피쉬 게임]

○ 4명이 개인당 4장씩 카드를 가져간다.

○ 16장의 카드는 책상에 뒤집어 놓는다.

○ 자신이 필요한 짝카드가 있는지 특정 친구에게 질문한다.

　(예시: '가는 말이 고와야'란 카드가 있나요?)

○ 해당 카드가 있을 경우, 특정 친구는 물어본 친구에게 카드를 준다.

○ 해당 카드가 없을 경우, 물어본 친구는 책상에 뒤집어 놓은 카드 뭉치에서 한 장을 가져온다.

○ 물어보는 친구가 말한 내용을 기억하며 자신의 차례가 되었을 때, 질문을 하고 짝카드를 내려놓는다.

○ 손에 쥔 카드를 먼저 모두 내려놓는 사람이 이긴다.

타. 한 줄 빙고게임

1) 놀이 만나기

놀이 소개

한 줄 빙고게임은 여러 교과에서 단원의 처음 또는 마무리 차시에서
유용하게 할 수 있는 활동이다. 8칸 한 줄 빙고를 위 또는 아래에서 순
서대로 칸을 채우며, 모든 칸을 먼저 채우면 끝나는 게임이다. 중요한
개념을 자연스럽게 익히기에 좋은 활동이다.

준비물 A4 종이를 세로로 자른 종이

개념 익히기　# 이면지 재활용　# 빙고게임　# 자투리 시간

2) 놀이 즐기기

① 교사가 제시한 주제와 관련된 중요한 개념을 8가지 이상 떠올린다.

　(예시: 6-1-2. 우리나라의 경제 발전 단원 마무리에서 핵심단어 8개를 찾아서 적는다.)

② 교사에게 받은 종이를 세로로 길게 놓고 반씩 3번 접었다가 펴서 8칸이 되게 만든다.

③ 다 같이 살펴본 개념 중 8개를 골라서 각 칸에 하나씩 적는다.

④ 교사가 말한 단어가 종이의 맨 위 또는 아래에 있으면 해당 칸에 동그라미를 그린다.(예시: 가계 또는 경공업이란 단어를 적었다면 ○ 표시)

⑤ 교사가 말한 단어가 중간에 위치하면 ○ 표시를 할 수 없다.

⑥ 한 줄 빙고를 가장 먼저 완성한 사람이 이긴다.

3) 더 놀기 - 잘하는 방법[학생들이 직접 빙고 단어 외치기]

○ 학급 내 발표 도구를 활용하여 호명된 학생들이 직접 빙고 단어를 외치게 한다.

○ 단어가 적힌 위치에 따라서 같은 단어를 여러 번 불러야 하는 상황이 생기므로 팀별로 단어 순서를 맞춘다면 놀이시간을 단축할 수도 있다.

파. 피라미드 게임

1) 놀이 만나기

놀이 소개

피라미드 게임은 각 교과별 단원 정리 시간에 할 수 있는 놀이이다. 게임에서 다룰 학습 내용과 관련하여 4단계의 활동지를 준비하고 자리배치도를 4층 피라미드 형태로 구성한다. 학생들이 제한 시간 동안 최대한 많이 피라미드를 통과하며 점수를 얻는 활동이다.

준비물 피라미드 형태의 자리 배치, 4단계의 활동지, 타이머

#동료교수법 #수준별학습 #단원정리 #피라미드형태

2) 놀이 즐기기

① A와 B팀으로 나누고 A팀이 피라미드 형태로 자리에 앉는다.

② A팀에게 단계별 활동지를 나누어 준다.

③ B팀은 피라미드 1단계 앞에 골고루 줄을 선다.

④ 제한된 시간 동안 B팀은 1단계부터 한 문제씩 풀고, 맞히면 다음 단계로 올라가며 4단계까지 통과하면 점수를 획득한다.

⑤ 4단계를 통과한 친구와 각 단계에서 문제를 틀린 친구는 1단계로 돌아가서 다시 문제를 풀어야 한다.

⑥ 제한된 시간이 끝나면, A팀과 B팀이 역할을 바꾸어 피라미드 게임을 시작한다.

⑦ 4단계를 제한시간 내에 4단계를 가장 많이 통과한 팀이 이긴다.

3) 더 놀기 – 변형활동[달인을 찾아라!]

○ 학급을 2개의 팀으로 나누고, 각 팀이 출제자와 풀이자 역할을 번갈아 수행하도록 한다. 학생들에게 자신이 4단계를 몇 번 통과했는지 횟수를 세게 한다. 통과횟수에 따라서 달인, 고수, 중수, 입문자와 같이 단계를 제시하며 학생들의 참여를 높일 수 있다.

하. 책상 빙고 게임

1) 놀이 만나기

놀이 소개

책상 빙고 게임은 교실 전체가 거대한 빙고판이 되고, 두 팀으로 나누어진 학생들이 하나의 빙고를 만들기 위해 문제를 풀이하는 활동이다. 이 활동을 통해 수업시간에 배운 내용을 정리하고, 팀원들과의 협동심을 기를 수 있는 일석이조의 효과를 얻을 수 있다.

준비물 4×4 책상 배치, 팀조끼

집단지성 # 팀대항 빙고 # 책상 # 팀조끼

2) 놀이 즐기기

① 책상을 4×4 형태로 배치한다.

② A와 B팀으로 나누고 팀 조끼를 착용하게 한다.

③ 책상 빙고 게임은 한 줄 빙고를 먼저 완성한 팀이 이기는 경기이므로, 상대팀의 빙고를 막는 것도 중요한 것임을 안내한다.

④ 교사가 내는 문제의 정답을 맞힌 사람은 빈 책상에 앉는다.

⑤ 다음 문제의 정답을 맞힌 사람도 빈 책상에 이어서 앉는다.

⑥ 책상에 앉은 사람은 해당 게임이 끝날 때까지 추가로 문제를 맞힐 수 없다.

⑦ 한 줄 빙고가 되도록 4명의 친구가 책상에 앉은 팀이 이긴다. 학생 수준에 따라서 빙고 게임을 여러 번 진행할 수도 있다.

3) 더 놀기 – 잘하는 방법

○ 게임 후반부로 갈수록 문제 풀이에 어려움을 겪는 친구들이 있을 수 있다. 각 팀에서 문제를 푸는 친구는 난이도를 선택하여 풀 수 있도록 기본, 보통, 심화와 같이 다양한 난이도의 문제를 사전에 준비하면 좋다.

거. 모퉁이 서바이벌 게임

1) 놀이 만나기

놀이 소개

　모퉁이 서바이벌 게임은 오늘 배운 핵심 키워드를 기억하고 쉽게 복습할 수 있는 게임이다. 교사가 내는 문제에 대하여 교실의 모퉁이 공간을 4지선다형 중 한 문항으로 정하고, 정해진 시간 내에 학생들은 자신이 가고 싶은 공간으로 이동한다. 4지선다형 문항은 수업시간에 배운 내용이나 학생들의 관심사와 관련된 내용으로 다양하게 정할 수 있다.

준비물 뽑기 도구, 4지선다형 문항 꾸러미

핵심 키워드 익히기　# 친교활동　# 확률게임

2) 놀이 즐기기

① 모퉁이 서바이벌 게임에 사용할 주제(교과 및 단원)를 정하고 모퉁이 A~D구역을 만든다.

② 학생들은 수업시간에 배운 내용과 관련된 4개의 키워드를 포스트 잇에 적는다.

③ 포스트잇을 접어서 문항 꾸러미에 담고, 교실 가운데에 위치한 고민 의 방에서 기다린다.

④ 교사가 문항 꾸러미에서 뽑은 보기를 차례대로 제시하면, 30초 내 로 학생들은 고민의 방에서 4개의 모퉁이 중 한 곳으로 이동한다. (정해진 시간 내 모퉁이로 이동하지 않거나, 애매한 위치에 서 있으면 탈락 으로 간주한다.)

⑤ 30초가 지나면, 교사는 뽑기 도구(탁구공, 스틱)로 A~D 중 하나를 뽑고, 학생들에게 보여준다.

⑥ 교사가 뽑은 알파벳과 같은 모퉁이에 있는 학생들은 탈락한다.

⑦ 최후의 3인이 생길 때까지 게임을 계속 진행한다.

⑧ 최후의 3인이 생기면 간단히 소감을 들어본다.

⑨ 문항 꾸러미 내용이 떨어질 때까지 활동을 반복한다.

3) 더 놀기 – 잘하는 방법

○ '몸으로 말해요' 모퉁이 게임 – 4지선다형 문제에 대한 문항을 교실 모퉁이로 정하고, 학생들이 정답으로 생각하는 문항으로 직접 이동 하며 문제를 푸는 활동이다. 일부 학생들은 친구들을 따라서 움직 일 수도 있다. 하지만 활동에 참여하는 것만으로도 배운 내용을 복 습하고 부담 없이 놀이에 참여하는 데 의의를 둘 수 있다.

○ '친해지길 바라' 모퉁이 게임 – 학기 초 처음 만난 친구들이 어색한 상황에서 자신을 소개할 수 있는 핵심키워드로 문제를 내는 활동이 다. 친구들 앞에서 발표하는 것이 부담스러운 학생들도 자연스럽게 자신을 소개할 수 있다.

너. 쁘띠바크 협동놀이

1) 놀이 만나기

놀이 소개

  쁘띠바크(Petit bac)는 프랑스 전 국민이 즐기는 놀이라고 한다. 교사가 제시한 자음으로 시작하는 단어를 여러 가지 주제에 맞게 적는 게임으로 순발력, 집중력 그리고 어휘력을 신장할 수 있다. 팀원들과 함께 참여하는 활동이기에 협동심 또한 기를 수 있다.

준비물 쁘띠바크 활동지(모둠별 한 장)

어휘력 향상　# 협동학습　# 초성게임　# 핵심 키워드

자음	물건	동물	운동	노래	국가	인물	음식	점수
ㅈ	자	재규어	조깅	자장가	자메이카	주시경	죽	55
	+5	+10						

2) 놀이 즐기기

① 4명씩 팀을 만들어 자리에 앉는다.

② 쁘띠바크 활동지에 적힌 주제를 확인한다.

③ 교사가 제시하는 자음으로 시작하는 낱말을 각 주제에 맞게 적는다.

④ 모든 주제의 낱말을 다 쓴 팀에서 '쁘띠바크'라고 외치면 다른 팀은
　더 이상 낱말을 적을 수 없다.

⑤ '쁘띠바크'를 외친 팀에서 주제별로 쓴 낱말을 하나씩 발표한다.

⑥ 발표하는 단어를 다른 팀에서 적었다면 그 팀이 1점씩 점수를 획득
　한다.

⑦ '쁘띠바크'를 외친 팀은 겹치지 않은 단어 수만큼 점수를 획득한다.

3) 더 놀기 - 잘하는 방법

○ 활동지에 적힌 순서대로 주제에 맞는 단어를 떠올리는 것보다 생각
　나는 주제부터 먼저 적을 수 있도록 지도한다.

○ 학생들이 떠올린 단어는 학급 학생들이 아는 단어를 쓰도록 안내
　한다.

○ 주제에 알맞지 않은 단어를 이야기할 경우 무효가 되고, 다른 팀에
　게 발표 기회가 넘어간다.

더. 마임(Mime)크래프트

1) 놀이 만나기

놀이 소개

　마임(Mime)크래프트 놀이는 음악을 듣고 자연스럽게 신체표현을 할 수 있는 짝 활동이다. 마임(Mime)은 대사 없이 표정과 몸짓만으로 내용을 전달하는 연극을 말한다. 두 명이 짝이 되어 한 명은 마임 예술가, 다른 한 명은 거울에 비친 사람이 된다. 거울에 비친 사람은 음악에 맞추어 춤추는 예술가를 따라서 몸을 움직이면 된다.

준비물 다양한 장르의 음악

＃체육 표현활동　＃음악 감상　＃짝 활동

2) 놀이 즐기기

① 움직이기 넓은 공간에 두 명씩 짝을 짓는다.

② 한 학생은 마임 예술가가 되고 다른 학생은 거울에 비친 사람이 된다.

③ 교사가 트는 음악에 맞추어 마임 예술가는 아래 단계에 맞추어 신체를 움직이고, 거울에 비친 사람은 동작을 따라한다.

　– 1단계: 손과 발 위주로 움직이기

　– 2단계: 팔과 다리까지 움직이기

　– 3단계: 몸 전체를 이용하여 움직이기

④ 교사는 상황에 따라서 음악을 바꾸고, 마임 예술가는 음악에 어울리는 움직임을 표현한다.

⑤ 교사가 트는 음악이 끝나면 역할을 바꾸어 놀이에 참여한다.

3) 더 놀기 – 잘하는 방법

○ 마임 예술가는 거울에 비친 사람이 충분히 따라할 수 있도록 여유를 가지고 움직인다.

○ 신체표현이 낯선 학생들이 있는 경우, 박자와 음정이 단순한 노래를 재생하며 교사가 간단한 시범동작을 보여준다.

○ 학급 인원수가 짝수가 아닐 경우, 3인 1조가 되어서 한 학생이 마임 예술가, 다른 두 학생이 거울에 비친 사람을 한다.(단, 거울에 비친 사람 2명이 충돌하지 않도록 안전에 유의한다.)

러. 우리들의 블루스

1) 놀이 만나기

놀이 소개

우리들의 블루스 만들기는 음악 가창활동과 체육 표현활동에서 활용할 수 있다. 와일더 펜필드라는 캐나다의 신경과학자는 인간의 대뇌 피질이 감각신경과 운동신경에 얼마만큼 관련되었는지를 크기로 대응시켜 나타낸 '펜필드의 호문쿨루스'로 유명하다. 그만큼 수업활동에서 손을 비롯한 감각기관이 아주 중요하다는 것을 알 수 있다. 친구들과 함께 노래 가사에 알맞은 율동을 만들고 자연스럽게 노래를 익히며 즐겁게 가창 활동에 참여할 수 있다.

준비물 음악 제재곡 또는 학생들이 좋아하는 곡

율동 만들기   # 음악 가창활동   # 체육 표현활동   # 장애이해교육

2) 놀이 즐기기

① 교과서에 제시된 '금강산'이란 곡을 소개한다. 금강산은 12개의 동기(마디 2개)로 구성된다.
② 곡의 동기 수에 맞추어 팀을 이루고 율동을 만들고 싶은 소절을 정한다.
③ 정해진 시간 동안 팀별로 정한 동기에 알맞은 율동을 만든다.
④ 금강산 노래에 맞추어 팀별로 만든 율동을 소개한다.
⑤ 금강산 노래에 맞추어 다 같이 율동을 연습한다.
⑥ 학생들의 수화 숙련도에 따라서 노래를 다양한 빠르기로 부르며 릴레이 형식으로 율동한다.

3) 더 놀기 – 잘하는 방법

○ 학생들이 좋아하는 곡을 선택한 경우, 학급특색에 맞추어 가사를 개사하는 것도 좋은 교육방법이다.
○ 수화 만들기 활동은 경쟁보단 협력을 통해, 우리반만의 특별한 노래 수화를 만들고 즐겁게 가창활동에 참여하는 것이 목표임을 지도한다.

3. 의미를 더하는 교실놀이

가. 미션 임파서블

1) 놀이 만나기

놀이 소개

　미션임파서블이란 영화를 떠올리면 대표적으로 생각나는 장면이 있다. 바로 레이저 보안시설을 유연하게 몸을 움직이며 피하는 장면이다. 교실에서도 점핑밴드를 활용하여 이와 유사한 활동을 할 수 있다. 미션임파서블 OST와 함께 본 활동을 진행하면 흥미진진한 분위기를 만들 수 있다.

준비물 점핑 밴드, 라인테이프, 타이머, 배경음악

＃운동체력(유연성) 기르기　　＃점핑 밴드　＃체육 표현활동　＃림보놀이

2) 놀이 즐기기

① 절연테이프를 활용하여 교실 바닥에 세로가 긴 직사각형 형태의 바닥라인을 만든다.

② A와 B팀으로 나누고, A팀은 출발지점에서 대기하며 B팀은 2인 1조로 점핑밴드 장애물을 설치한다.

③ 탈출시간(2분)을 타이머로 설정하고 미션임파서블 OST를 재생한다.

④ A팀은 출발지점에서 도착지점까지 점핑밴드를 피해서 움직인다.

⑤ 탈출시간 마감 타이머가 울리면 도착지점까지 선에 닿지 않고 도착한 학생 수를 파악한다.

⑥ A와 B팀의 역할을 바꾸어 놀이를 진행한다.

⑦ 생존자가 많은 팀이 이긴다.

3) 더 놀기 – 잘하는 방법

○ 점핑밴드를 어깨너비 정도로 좌우 또는 상하로 움직이면 난이도가 더 올라가서 흥미진진한 놀이를 진행할 수 있다.

○ 절연테이프를 활용하여 교실 바닥에 'ㄷ'자 형태의 모양을 만든다. 학생들의 수준에 따라서 다양한 미로 형태로 놀이구역을 만들 수 있다. 이러한 경우, 점핑밴드 장애물 뿐만 아니라 바닥의 모양을 밟는 것도 주의하여야 하므로 난이도가 더 높아질 수 있다.

나. 콩주머니 피구

1) 놀이 만나기

놀이 소개

콩주머니 피구는 제한된 시간 동안 콩주머니를 피하며 살아남는 활동이다. 학급을 두 팀으로 나누고 한 팀은 동그랗게 둘러앉고, 다른 팀은 원 안에 들어간다. 제한된 시간 동안 밖에 앉은 친구들은 콩주머니를 바닥으로 던져서 원 안에 있는 친구들을 맞히고, 원 안에 있는 친구들은 콩주머니를 피하면 된다. 콩주머니를 띄우지 않고 바닥에 굴리는 것이 가장 중요한 규칙하다.

준비물 콩주머니, 원마커

＃순발력 향상　＃공에 대한 두려움 X　＃콩주머니　＃좌식 피구

2) 놀이 즐기기

① A와 B팀으로 나누고, A팀이 공격, B팀이 수비 역할을 맡는다.

② 원마커를 원 형태가 되도록 1~2m 간격으로 배치한다. 공격팀은 원 마커 위치에 맞추어 앉는다.

③ 수비팀은 원 안으로 들어가서 발목 관련 부위를 스트레칭 한다.

④ 공격팀은 콩주머니를 공중에 띄우지 않고 바닥으로 던져서 수비팀을 맞춘다. 콩주머니가 공중으로 날아가서 맞힌 경우, 공격은 무효가 된다.

⑤ 수비팀이 모두 아웃되면 공격과 수비 역할을 바꾸어 진행한다.

⑥ 더 오랜 시간 아웃되지 않고 살아남은 팀이 이긴다.

3) 더 놀기 – 잘하는 방법

○ 콩주머니 개수로 놀이 난이도를 조절할 수 있다. 놀이 초반과 달리 수비팀 인원이 적게 되면 콩주머니를 피하기 더 쉬워진다. 놀이의 긴장감을 높이기 위해, 상황에 따라서 1~2개의 콩주머니를 추가해 보는 것도 좋다.

○ 공격팀이 콩주머니를 주고받다가 밖으로 **빠져나가는** 경우가 있다. 콩주머니가 밖으로 새지 않도록 앉은 자세와 정확하게 던지는 요령을 놀이 전에 몸풀기로 가볍게 연습하도록 안내한다.

다. 책상 피구

1) 놀이 만나기

놀이 소개

책상 피구는 팀조끼를 공으로 하여 술래가 팀조끼로 패스를 주고받으며 학생들을 맞히는 활동이다. 학생들이 팀조끼를 던지고 받을 때, 팀조끼를 맞는 것에 대한 두려움과 패스 실력 차이가 높지 않아서 피구를 어려워하는 친구들도 놀이에 쉽게 참여할 수 있다. 놀이 전에, 교실의 형태를 학생들이 자유롭게 움직일 수 있도록 책상 형태를 단순화하고 소지품을 정리하는 것이 좋다.

준비물 팀조끼 4개, 모둠형태의 책상배치(의자가 안쪽으로 들어가게 책상 돌리기), 타이머

\# 패스의 원리 알기 \# 팀조끼 \# 교실 피구 \# 협응성 함양
\# 공에 대한 두려움 X

2) 놀이 즐기기

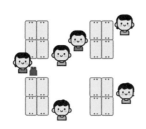

술래

① 교실 책상배치를 의자가 안쪽으로 가도록 책상 4개를 'ㅁ' 형태로 만든다.
② 학생들이 자유롭게 움직일 수 있도록 모둠 책상 사이와 교실 모서리에 충분한 공간을 확보한다.
③ 4명씩 한 팀을 이루고, 각 팀별로 술래 역할을 2명씩 짝을 이루게 한다.
④ 게임은 전반부 2분 후, 술래를 교대하고 후반부 2분으로 총 4분간 진행한다.
⑤ 술래가 된 2명은 팀조끼로 다른 친구들을 맞히면 된다.
⑥ 팀조끼에 맞은 학생은 근처의 책상 위에 올라가서 앉는다.
⑦ 술래가 던지는 팀조끼를 책상 위에 앉은 친구가 잡으면 부활한다.
⑧ 각 팀이 한 번씩 술래가 되어 놀이를 진행한다.
⑨ 전체 팀이 술래를 한 번씩 했다면 놀이가 종료된다.
⑩ 술래를 할 때, 학생들을 많이 아웃시킨 팀 또는 전 게임 동안 가장 많이 생존한 팀이 이긴다.

3) 더 놀기 – 유의사항

○ 교실이 너무 소란스러워질 경우, '침묵하기' 규칙을 추가하고 술래만 대화를 나눌 수 있게 할 수도 있다.
○ 팀조끼는 부상의 위험이 적지만, 그래도 머리쪽에는 던지지 않도록 한다. 팀조끼를 잡은 채로 친구를 터치하는 건 반칙이다.

라. 바둑알 게임

1) 놀이 만나기

놀이 소개

바둑판이 없더라도 바둑알만 있다면 책상을 활용하여 다양한 놀이를 할 수 있다. 알까기 게임은 예전에 TV에 방영된 후, 누구나 한 번쯤은 해보거나 구경한 적이 있는 활동이다. 동계올림픽으로 주목받았던 컬링처럼 표적 도전 간이놀이도 할 수 있다. 바둑돌을 원하는 곳으로 움직이기 위해 손가락 힘을 조절하며 순간적인 집중력과 협응력을 기를 수 있다.

준비물 흑·백 바둑알, 편평한 책상 또는 바둑판

집중력과 협응력 향상 # 바둑알 # 알까기 # 표적도전활동

2) 놀이 즐기기

① 책상 위에 두 참가자가 같은 수의 흑과 백 바둑돌을 자신의 진영에 놓는다.

② 바둑돌 배치가 끝나면 가위바위보로 선공을 정한다.

③ 자신의 차례에서 자신의 바둑돌을 손가락으로 튕겨서 상대방 바둑돌을 책상 밖으로 내보낸다.

④ 책상 바깥으로 나간 바둑돌은 다시 사용할 수 없다.

⑤ 흑과 백 바둑돌 중 한 쪽 바둑알이 모두 바깥으로 나가면 바둑알이 책상 위에 남아있는 쪽이 이긴다.

3) 더 놀기 – 잘하는 방법

○ 알까기 팀전은 2대2가 적당하다. 팀원과 함께 번갈아서 게임에 참여하므로 팀원과의 호흡이 중요하다.

○ 바둑알은 강한 충격이나 지속적인 충격을 받으면 깨지기도 한다. 깨진 바둑알을 만지면 손이 베일 수도 있으므로 교사에게 사실을 말하고 즉각 다른 바둑알로 교체한다.

○ 바둑알 컬링은 동계올림픽 종목 중 우리에게 익숙한 컬링의 규칙을 간소화한 활동이다. 과녁은 지우기 쉬운 연필이나 보드마카로 그리면 좋다. 과녁 안에 자신의 바둑알을 가장 많이 넣으면 이긴다. 팀원들의 바둑알 점수가 합산이 되는 팀전이므로 협동심도 기를 수 있다.

마. 가가볼 게임

1) 놀이 만나기

놀이 소개

가가볼은 피구의 변형게임으로 공격과 수비 구분이 없고, 공을 잡지 않고 쳐서 상대방의 무릎 아래를 맞추면 된다. 구기종목을 어려워하는 학생들도 부담 없이 참여하고 운동체력인 협응력도 쌓을 수 있다.

준비물 탄력이 좋은 고무공

\# 책상 칸막이   \# 피구형 게임   \# 순발력 게임

2) 놀이 즐기기

① 책상을 깨끗하게 정리하고 교실 중앙을 바라보도록 눕혀서 팔각형 모양으로 배치한다.

② 놀이 중 접촉으로 인한 부상을 막기 위하여 한 게임당 최대 6명까지만 참여한다.

③ 시작 신호와 함께 교사가 공을 경기장 안으로 넣는다. 공이 첫 번째로 튀면 "가", 두 번째로 튀면 "가", 세 번째로 튀면 "볼"을 외친다.

④ 공을 친 학생은 연속해서 공을 칠 수 없다. 단, 책상 또는 다른 친구에게 터치된 후에는 다시 칠 수 있다. 공은 손으로 쳐서 막을 수 있다.

⑤ 무릎 이하 부분이 공에 맞거나 자신이 친 공이 경기장을 넘어가면 아웃된다.

⑥ 최후의 1인이 남을 때까지 경기가 계속 된다.

3) 더 놀기 – 잘하는 방법

○ 가가볼 놀이에서 공을 치기 위해 허리를 구부리는 동작이 많다. 놀이가 시작하거나 끝날 때, 허리를 충분히 스트레칭 하도록 지도한다.

○ 2대2, 3대3 팀전으로 운영하여도 즐겁게 놀이할 수 있다. 팀전의 경우, 같은 팀이 친 공을 자신이 맞아도 아웃되지 않는다.

바. 바구니 게임

1) 놀이 만나기

놀이 소개

바구니 게임은 특별한 준비물 없이 둥그렇게 의자에 앉아서 서로가 자연스럽게 어울릴 수 있는 활동이다. 바구니에 어떤 것을 담느냐에 따라서 여러 가지 버전으로 놀이가 가능하며 학생들의 마음도 자연스럽게 읽을 수 있다. 학기초 어색함이 감도는 교실에서 생동감이 넘치는 분위기를 만들 수 있다.

준비물 블루투스 스피커

학기초 친목활동   # 눈치게임
자리 뺏기 놀이   # 원 대형

2) 놀이 즐기기

① 의자를 원 형태로 배치하고 앉는다. 의자 개수는 학생 수보다 하나 적게 준비한다.

② 교사가 원 가운데에 서서 바구니에 담을 것(예: 좋아하는 디저트)을 제시한다.

③ 좋아하는 디저트를 말한 학생부터 순서대로 4가지 디저트를 반복하며 정한다.(아이스크림 - 붕어빵 - 와플 - 주스)

④ 학생들에게 교사가 먼저 술래 시범을 보인다. 교사가 손을 귀에 대고 경청하는 자세를 취하면 학생들은 "어떤 디저트 좋아해요?"라고 묻는다.

⑤ 교사가 "나는 붕어빵을 좋아해."라고 말하면 붕어빵으로 정해진 친구들은 일어나서 다른 자리로 이동한다.

⑥ 자리에 못 앉은 친구가 원 가운데로 와서 경청의 자세를 취하고, 학생들은 "어떤 디저트 좋아해요?"라고 질문한다.

⑦ 술래가 많은 친구들이 이동하게 하고 싶을 땐, "붕어빵이랑 와플을 좋아해, 와플 빼고 다 좋아해, 전부 다 좋아해"처럼 다양한 답을 할 수도 있다.

3) 더 놀기 - 잘하는 방법

○ 교과수업 중 주요한 개념 정리 활동으로 바구니 게임을 활용할 수 있다.(예: 사회 연계 / "어떤 대륙을 좋아해요?" 〈아시아 - 유럽 - 아메리카 - 아프리카 - 오세아니아〉)

○ 빈 의자에 앉기 위해 2명 이상의 친구들이 빠르게 움직이다가 부딪혀 부상을 당할 수 있다. 이러한 경우엔 가위바위보를 통해 이긴 사람이 빈 자리에 앉도록 한다.

사. 이심전심 레이서

1) 놀이 만나기

놀이 소개

 이심전심 레이서는 한 사람이 앞을 볼 수 없는 자동차 역할, 다른 한 사람은 자동차를 운전하는 역할을 맡는 짝 놀이이다. 자동차 역할을 하는 친구는 안대를 쓰기 때문에, 운전하는 친구를 신뢰하고 수신호에만 의지하며 움직이게 된다. 운전하는 친구는 자동차 역할을 하는 친구를 보호하기 위하여 책임감을 가지게 된다.

준비물 안대

＃ 장애이해교육   ＃ 심성놀이   ＃ 안대   ＃ 짝활동

2) 놀이 즐기기

① 활동 전에 자동차 역할은 운전자를 신뢰하고, 운전자는 자동차 역할의 안전에 대한 책임감을 지녀야 한다고 안내한다.

② 두 사람이 짝이 되고, 한 사람은 안대를 쓴 자동차 역할, 다른 한 사람은 자동차가 된 친구 뒤에서 어깨에 손을 올리고 운전하는 역할을 맡는다.

③ 자동차의 양쪽 어깨를 두 번 두드리면 앞으로 움직인다.

④ 왼쪽 어깨에 손을 올려놓는 동안 왼쪽으로, 오른쪽 어깨에 손을 올려놓는 동안 오른쪽으로 회전한다.

⑤ 머리를 두드리면 뒤로 움직이고, 양쪽 팔을 잡으면 멈춘다.

⑥ 정해진 시간이 지나면 역할을 바꾸고 활동한다.

⑦ 활동이 끝난 후, 운전자와 자동차 역할을 해본 소감을 나눈다.

3) 더 놀기 – 잘하는 방법

○ 운전자가 안전하게 길을 안내하더라도 자동차 역할을 맡은 학생끼리 부딪힐 수도 있다. 자동차 역할은 두 손을 반대편 어깨에 교차하여 올려서 안전장치를 만들고 참여하도록 한다.

○ 책걸상을 활용하여 미로를 만들고, 두 친구가 힘을 모아 제한된 시간 내에 미로를 탈출하는 놀이로 변형할 수도 있다.

아. 혼자 왔어요, 둘이 왔어요!

1) 놀이 만나기

놀이 소개

　혼자 왔어요 게임은 첫 학생이 제시한 수에 맞춰서 '1명-2명-3명-2명-1명-모두'와 같은 순서로 자리에서 일어나며 '(숫자)이 왔어요'라고 외치는 활동이다. 놀이 중 계속 구호를 외치는 학생 수가 달라지기 때문에 높은 집중력과 순발력이 요구된다.

준비물 별도 준비물 없음

＃둥그런 대형　＃순발력　＃준비물 없는 레크리에이션

2) 놀이 즐기기

① 책상을 교실 가장자리로 배치하고, 원 형태로 의자를 배치하여 앉는다.

② 교사가 앉은 사람 중 한 명을 지정하고 활동을 시작한다. 처음에 구호를 외치는 순서는 '1명 – 2명 – 3명 – 2명 – 1명'으로 안내한다.

③ 진행방향(시계, 반시계)에 따라서 한 명이 "혼자 왔어요."를 외치고 만세동작을 하며 일어선다.

④ 다음 두 명은 "둘이 왔어요.", 다음 세 명은 "셋이 왔어요." 외치고 만세동작을 하며 일어선다.

⑤ 다음은 두 명, 한 명으로 줄어들게 된다.

⑥ 자기 차례에 정해진 동작을 하지 않으면 원 대형 밖에서 체력 기르기 운동(스쿼트, 팔 벌려 뛰기 등)을 수행하고 다시 활동에 복귀한다.

3) 더 놀기 – 잘하는 방법

○ 여러 가지 요소를 변형하여 놀이에 긴장감을 더할 수도 있다.

  – 게임을 시작하기 전, 진행방향을 처음 시작하는 사람이 정할 수 있다.

  – 일어나는 사람 수를 4~5명까지 높일 수 있다.

  – 만세 동작 대신에 손하트 동작, 얼굴에 꽃받침 동작으로 바꾸면 긴장한 나머지 실수하는 친구들이 생길 수 있다.

○ 놀이에서 벌칙은 지양하는 것이 좋다. 학생들이 부끄러워하는 동작(막춤 추기, 웃긴 표정 짓기)보다 체력 향상과 관련된 스쿼트, 팔 벌려 뛰기 등을 권장한다.

자. 병아리 부화 게임

1) 놀이 만나기

놀이 소개

　병아리 부화 게임은 학생들이 가위바위보 승패에 따라서 부화에서 어른 닭 단계까지 올라가고 내려가는 활동이다. 자투리 시간에 학생들이 즐겁게 참여할 수 있으며, 교과 시간에도 단계로 제시되는 개념들을 단계명으로 제시하면 자연스럽게 관련된 내용을 공부할 수 있다.

준비물 별도 준비물 없음

가위바위보　# 레벨업 놀이　# 핵심키워드 익히기　# 자투리 시간

1단계 (알)　　2단계 (병아리)　　3단계 (어린 닭)　　4단계 (어른 닭)　　5단계 (닭장 주인)

2) 놀이 즐기기

① 놀이에서 다룰 단계를 동작과 함께 제시한다.

  – 1단계(부화), 2단계(병아리), 3단계(어린 닭), 4단계(성인 닭), 5단계
   (닭장 주인)와 그에 따른 동작을 칠판에 판서한다.

② 모두가 1단계에서 놀이를 시작한다.

③ 같은 단계 친구끼리 만나면 인사를 나누고, 가위바위보를 한다.
   가위바위보에서 이기면 한 단계 올라가고, 지면 한 단계 내려간다.

④ 5단계는 한 명만 존재한다. 4단계에서 가위바위보를 이긴 친구는
   5단계 앞에서 기다린다.

⑤ 5단계에게 3판 2선승으로 이기면, 새로운 '닭장 주인'이 된다.

3) 더 놀기 – 운영 팁!

○ 교과별 핵심내용으로 레벨업 게임하기

  – 국어시간 활용: 1단계(발단), 2단계(전개), 3단계(절정), 4단계(결
   말), 5단계(이야기의 달인)

  – 사회시간 활용: 1단계(고조선), 2단계(삼국시대), 3단계(고려시대),
   4단계(조선시대), 5단계(대한민국)

차. 귀신놀이

1) 놀이 만나기

　비가 오는 날이면 점심시간에 밖을 나가지 못하는 학생들은 실내에서 지루한 시간을 보내기도 한다. 귀신놀이는 비가 내려서 기분이 울적하고 수업에 집중하기 힘든 학생들에게 인기 만점인 활동이다. 학생들은 주어진 시간 동안 귀신을 피해 도망 다니고, 안대를 쓴 귀신은 학생들이 움직이는 소리를 쫓아서 학생들을 잡으면 된다. 습한 날씨에도 귀신과 도망다니는 학생 모두가 간담이 서늘해지고 흥미진진한 분위기를 느낄 수 있다.

준비물 안대, 타이머, 저승·이승 공간 만들기

＃안대　＃숨바꼭질　＃긴장감과 스릴　＃비 오는 날　＃무더운 여름

2) 놀이 즐기기

① 학생들이 쉽게 이동할 수 있도록 4개씩 책상을 'ㅁ' 형태로 배치한다.

② 4명의 귀신이 안대를 쓰고, 저승과 이승 사이에서 대기한다. 학생들이 숨을 수 있는 위치는 사전에 안내한다.

③ 3분 타이머를 설정하고 음산한 음악과 함께 어두운 분위기를 조성한다.

④ 귀신은 2분 동안 안대를 쓰고 교실을 돌아다니며 학생들을 잡는다.(귀신만 서로 대화를 할 수 있다.) 학생들은 소리를 내지 않고 조용히 귀신을 피해 다닌다.(귀신과 접촉하거나 소리를 내면 저승공간으로 가게 된다.)

⑤ 1분이 남기 전에 학생들은 귀신에게 잡히지 않을 곳으로 미리 피하고, 교사와 저승공간에 있는 학생이 "얼음"이라고 외치면 학생들은 움직일 수 없는 얼음 상태가 된다.(혹시 모를 신체접촉을 방지하기 위해 두 팔로 자신의 몸을 감싸고 있도록 한다.)

⑥ 귀신은 얼음 상태인 학생들을 타이머가 울릴 때까지 잡는다.

⑦ 귀신에게 잡힌 친구들은 타이머가 울릴 때까지 저승공간에서 조용히 앉아서 관람한다.

3) 더 놀기

○ 활동 초기에 귀신이 방향을 잡기 어려워하므로 교사가 방향을 잡아주거나 귀신에게 위치를 알려줄 수 있다.

○ 학생들이 귀신 앞에서 큰 소리를 내거나 건드리는 행위가 일어나지 않도록 주의한다.

카. 스피드스택스 협동놀이

1) 놀이 만나기

놀이 소개

　스피드스택스는 총 12개의 스피드스택스 컵을 정해진 규칙과 방법으로 쌓고 내리며 운동체력인 협응력과 순발력을 기를 수 있는 뉴스포츠이다. 교실에서도 쉽게 할 수 있는 스포츠로서, 활동인원, 쌓는 방식 등을 학급특색에 맞게 재구성하여 릴레이 쌓기, 컵타(컵을 리듬악기처럼 음악에 맞추어 연주하는 것), 높이 쌓기와 같은 활동을 할 수 있다.

준비물 각 팀당 스피드스택스 한 세트, 타이머, 라인테이프

스피드스택스　# 협응력　# 순발력　# 릴레이협동놀이

2) 놀이 즐기기

① 12개의 컵을 쌓는 스포츠스태킹 기본동작(사이클 스태킹)을 사전에 연습한다.
② 스포츠스태킹 동작 중 하나를 릴레이 경기종목으로 선정한다.
③ 릴레이 경기를 위하여 책상을 1열로 배열하고 출발선을 긋는다.
④ 팀별로 하나씩 스포츠스태킹 세트를 준비하고, 주자들의 순서를 정한 후, 출발선에서 대기한다.
⑤ 시작신호와 함께 첫 주자가 출발하여 사이클 스태킹을 하고 출발점으로 돌아온다.
⑥ 스태킹 도중에 컵이 무너지면 넘어진 스태킹부터 다시 쌓는다.
⑦ 다음 주자들도 ⑤∼⑥을 반복하며, 마지막 주자가 출발점으로 돌아오면 '만세'를 외치며 손을 든다.

3) 더 놀기 – 변형 활동

○ 둘이서 릴레이 – 2인 1조로 한 사람은 왼손, 다른 한 사람은 오른손을 사용하여 스포츠스태킹을 한다. 파트너와 스포츠스태킹 속도를 맞추기 위해 소통하고 협업을 하여야 하는 활동이다.
○ 높이 쌓기 – 스피드스택스가 많다면, 팀별로 스피드스택스로 가장 높은 탑 쌓기를 할 수 있다. 탑의 높이가 높아질수록 긴장감과 성취감을 함께 맛볼 수 있는 활동이다.

IV

바른 경쟁을 배우는
체육 게임

1. 체육 수업에서 게임을
   준비하고 운영하는 방법

가. 체육과 교육과정의 지향점을 추구한다

체육 수업에서 게임을 하는 이유는 체육과의 목표를 달성하기 위함이다. 체육과의 목표는 교과역량과 성취기준의 형태로 제시되었다. 학생들이 실컷 뛰어 놀 수 있게 해준다는 안일한 생각은 문제가 있다. 활동을 선택하고 계획할 때는 반드시 수업의 목적이 무엇인지를 먼저 숙고하는 것이 필요하다.

특히 바람직한 경쟁의 가치를 내면화하기 위해서는 승패의 경험을 많이 가져야 한다. 이기고 지는 경험의 반복을 통해 승자와 패자의 마음을 모두 경험하고 승패라는 결과를 초월하여 게임 자체를 즐길 수 있게 된다.

나. 학습 환경을 고려한다

체육 수업은 환경의 영향을 많이 받는다. 쾌적한 학습 환경은 학생에게 더 좋은 학습 기회를 풍부하게 제공해줄 수 있다. 편리한 공간보다 학습에 유용한 공간을 선택해야 한다. 예를 들어 야구형 게임을 위해서는 강당보다 운동장이 적절하다. 또한 값비싼 교구를 무작정 구입하기보다 교육과정 운영에 꼭 필요한 것을 충분히 갖추어 놓는 것이 좋다.

다. 학습자의 흥미와 수준을 반영한다

수업의 주제를 가급적 학생에게 도움이 되고 학생이 좋아하는 것으로 정할 필요가 있다. 교육과정 운영을 위하여 학생에게 선택권을 줄 수 없다면 수업의 형태라도 학생들이 좋아하는 것을 선정하는 것이 좋다. 그리고 학생의 체력, 기능, 이해 수준 등을 종합적으로 고려하여 게임의 난이도를 조정해야 한다. 게임을 운영하는 과정이라도 학생들의 수준에 적절하지 않다면 과감하게 변형할 필요가 있다.

라. 체계적인 학습 단계를 계획한다

교육은 학습자의 성장을 위한 의도적이고 체계적인 노력이다. 최근 놀이 체육의 영향으로 한 시간 단위의 놀이 체험 수업으로 체육수업이 운영되는 경향이 있다. 하나의 주제를 지속적이고 체계적으로 학습하는 경험을 통해 전인 교육이 이루어질 수 있다. 또한 하루살이 체육교사의 삶으로부터 해방될 수 있다.

마. 본질을 추구한다

각 스포츠마다 추구하는 본질이 있다. 예를 들어 배구는 협동하여 공을 넘기는 능력을 겨루는 것이 그 본질이다. 스포츠를 변형하여 게임을 구상할 때, 본질의 구조는 유지한 채 기능이나 규칙, 방법 등을 바꾸어야 한다. 게임을 통하여 학생은 관련된 스포츠를 제대로 경험하고 자신의 삶과 연결할 수 있다. 이를 통해 학생이 성장하여 자신의 건강한 라이프스타일에 어울리는 스포츠 활동을 선택하고 참여할 수 있게 되는 것이다.

바. 소그룹 게임을 지향한다

모든 학생은 자신이 스타 플레이어가 되고자 한다. 다만 체력, 기능, 선행 경험 등의 부족으로 스타가 되지 못하는 것이다. 대집단 형태의 게임은 게임에서 소외되는 학생을 만들게 된다. 플레이어로서의 역할조차 얻지 못하는 학생이 생기게 되는 것이다. 2:2, 3:3 등의 소그룹 게임을 통해 원하는 학생이 모두 수업에 적극적으로 참여할 수 있는 기회를 제공해야 한다. 이를 위해 충분한 수의 교구와 여러 개의 작은 경기장을 준비하면 된다.

사. 성공 경험을 많이 제공한다

게임에서는 얻는 성취감은 학생의 자존감 향상 및 체육에 대한 긍정적인 태도에 도움이 된다. 학생들은 자신들이 잘하는 활동을 좋아하는 경향이 크다. 초기의 게임은 약간의 노력을 통해 성취하거나 득점할 수 있도록 구조를 마련해야 한다. 던지고 열심히 달리면 득점할 수 있는 던지기 야구, 공격 성공 기회가 높은 얼티밋디스크 등이 대표적인 예이다.

아. 기본 움직임 기능을 가르친다

초등학교 시기는 근골격계와 신경의 발달이 급격히 이루어지는 시기이다. 이때 신체를 효율적으로 움직이는 원리를 적절하게 학습할 경우 더 높은 수준의 수행력을 갖추어 평생 체육의 기회를 갖게 될 수 있다. 특히 몸의 힘을 효율적으로 움직여야 하는 조작 운동(던지기, 받기, 치기 등)에 과학적 원리가 제대로 적용될 수 있도록 적절한 교육이 이루어져야 한다.

자. 움직이는 것은 학생이다

수업의 주인은 학생이다. 체육 수업은 신체활동 상황에서 학생이 몸을 이용하여 생각하고 시도하고 반성하는 과정이다. 교사는 이를 위한 기회를 기획하고 학생의 수행을 도와주는 역할을 담당한다. 간혹 학생들에게 시범을 보여야 한다는 부담으로 체육수업을 회피하는 교사가 있다. 멋진 시범을 보여줄 수 있으면 좋겠지만, 시범이 학생에게 꼭 필요한 것은 아니다. 시범은 게임 방법을 구체적으로 시연해줄 수 있을 정도면 충분하고 영상으로 대체할 수 있다. 시범에 자신이 없어 학생들의 신체활동 기회를 빼앗은 우를 범하지 않기를 바란다.

2. 경쟁 영역 중심의 게임

가. 보물 옮기기

1) 게임 만나기

`교과` 체육

`개요` 수비가 지키는 구간을 통과하여 목표지점으로 이동하는 능력을 겨루는 게임이다. 수비를 따돌리거나 속이기 위하여 빠르고 적절한 선택을 하는 과정에서 의사결정능력을 향상시킨다. 민첩한 방향 전환과 이동을 반복적으로 실시하여 민첩성, 순발력에 기반을 둔 이동 능력이 향상된다. 자신과 친구의 안전을 위하여 정직하게 규칙을 지키는 바람직한 태도를 기르는 데 도움을 준다.

`장소` 운동장, 강당(배구코트, 농구코트 이용)

`준비물` 접시콘, 공, 팀조끼(3색), 소프트발리볼, 신나는 음악

`학년` 3학년

태그형 경쟁 # 규칙 준수 # 강당 # 접시콘

2) 게임 즐기기

게임 방법

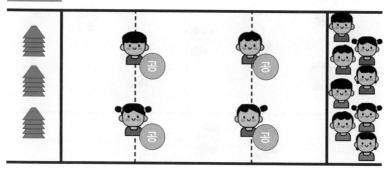

※ 빨강이 수비

(1) 세 팀이 정해진 시간(음악 시간)동안 수비와 공격을 번갈아 실시하여 최종에 접시콘(득점)을 많이 획득한 팀이 승리한다.

(2) 수비팀은 양 손으로 공을 잡고 정해진 선에 자리한다.

(3) 공격팀은 출발지점에서 시작 신호를 기다린다. 시작 신호와 함께 음악이 울리면 공격팀은 목표 지점을 향해 달린다.

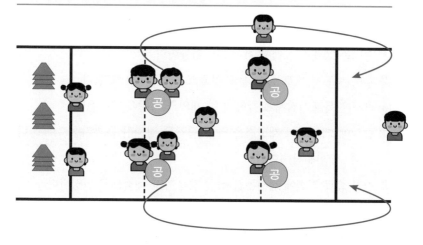

(4) 수비는 선을 따라 좌우로만 이동하여 공격팀을 공으로 찍는다.

(5) 공에 찍힌 공격팀은 경기장 밖으로 나와 출발지점으로 이동하여 다시 도전한다.

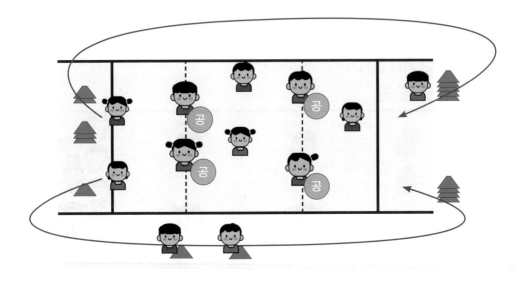

(6) 목표지점에 도착한 공격팀은 접시콘(득점)을 챙겨 경기장 밖으로 나와 출발
   지점으로 이동한다. 정해진 지역에 접시콘을 모으고 다시 출발한다.

(7) 접시콘(득점)은 한 번에 한 개씩 가져올 수 있다.

주요 규칙

① 수비는 정해진 선에서 좌우로만 이동한다.

② 수비는 두 손으로 공을 들고 공으로 공격팀을 태그한다.

③ 공격은 목표지점에 도착하여 한 개의 접시콘을 가져온다.

④ 중간에 태그되어 재도전을 하는 공격은 정해진 출발지점으로 돌아
   온 후 게임에 참여한다.

⑤ 경기 종료 직전에 접시콘을 잡은 경우까지 득점으로 인정한다.

전술적 개념

① 수비는 더 많은 공격수를 방해할 수 있는 위치를 선정한다.

② 공격은 수비로부터 먼 곳을 집중적으로 노린다.

③ 공격과 수비는 서로의 예상을 깨기 위하여 노력한다.

① 좌우로 급격한 방향 전환

② 공격 시 앞 뒤로의 급격한 방향 전환

3) 더 놀기

게임의 변형

① 도구의 변형: 학생들이 수비를 피하는 능력이 향상되었을 때, 공 대신 플레이스틱을 활용하면 긴장감을 높일 수 있다.

(1) 수비는 두 손으로 플레이스틱을 이용하여 공격을 태그한다.

(2) 플레이스틱을 휘두르지 않고 몸통이나 다리를 찌르는 느낌으로 태그한다.

② 게임 방식의 변형: 공격팀이 출발점에서 점보스택스를 들고 출발하여 도착점에 5층 탑을 쌓는 활동으로 다양하게 응용할 수 있다.

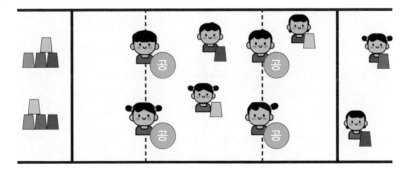

(1) 공격은 점보스택스를 들고 목표지점으로 이동한다.

(2) 목표지점에서 점보스택스 탑을 완성한다.

(3) 가장 짧은 시간에 탑을 완성한 팀이 승리한다.

잘하는 방법

① 경기장의 폭을 넓게 하여 공격 성공률을 높인다.

② 2분 내외의 신나는 음악을 이용하여 경기 시간을 알린다.

③ 수비가 두 손을 모두 이용하여 공을 들게 하여 활동 능력을 떨어뜨림으로써 공격팀의 성취감을 높인다.

안전 및 유의사항

① 슬라이딩을 금지하여 상해를 예방한다.

② 수비가 태그할 때 과한 힘을 쓰지 않도록 약속한다.

나. 보물 캐기

1) 게임 만나기

교과 체육

개요 수비가 지키는 공간에 침투하여 목표물을 획득하여 빠져나오는 능력을 겨루는 게임이다. 수비와 목표물의 위치, 수비의 능력을 종합적으로 고려하여 적절한 판단을 내리는 의사결정능력을 향상시킨다. 민첩한 방향 전환과 리듬의 변화 등을 반복적으로 실시하여 이동 능력과 목표물을 빠르고 정확하게 획득하기 위한 협응력 향상에 도움을 준다. 팀과 소통하고 전술을 탐색하며 협동심을 기르고 정직하게 규칙을 지키는 태도를 기른다.

장소 운동장, 강당(배구코트, 농구코트 이용)

준비물 접시콘, 공, 팀조끼, 소프트발리볼, 신나는 음악

학년 3학년

태그형 게임 # 규칙준수 # 강당 # 접시콘

2) 게임 즐기기

게임 방법

※ 빨강이 수비

(1) 정해진 시간 동안 공격과 수비를 번갈아 실시하여, 획득한 접시콘의 개수로 승패를 결정한다.

(2) 접시콘을 경기장에 고르게 펼쳐 놓는다.

(3) 수비팀은 양 손으로 공을 잡고 경기장 안에 자리를 잡는다.

(4) 출발 신호와 함께 음악이 시작되면 공격을 시작한다.

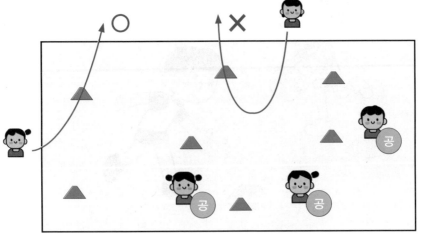

(5) 공격팀은 자신이 들어간 쪽(변)이 아닌 곳으로 나와야 한다.

(6) 접시콘 1개에 1점이고, 한 번에 한 개씩만 가지고 나올 수 있다.

(7) 공격팀은 수비팀을 피해 경기장 안의 접시콘을 들고 나와 한 곳에 모아 둔다.

주요 규칙

① 공격은 한 번에 하나의 접시콘을 가지고 나올 수 있다.

② 공격 시 경기장에 들어간 변과 다른 변으로 나올 수 있다.

③ 수비는 두 손으로 공을 들고, 공으로 공격을 태그한다.

④ 접시콘을 든 상황에서 수비에 태그되면 태그된 지점에 접시콘을 놓고 경기장 밖으로 나온다.

전술적 개념

① 가장 효율적인 동선 탐색하여 공격하기

② 수비가 없는 곳 선택하여 과감하게 공격하기

③ 상대의 생각을 예상하고 이용하여 공격과 수비하기

④ 협력하여 공격과 수비하기

주요 기술

① 빠르게 방향 전환하기

② 정확하게 접시콘 집기

3) 더 놀기

① 도구의 변형: 접시콘을 콩주머니 등, 학교에서 쉽게 구할 수 있는 물건으로 변형하여 운영할 수 있다. 집기 능력(협응성)을 고려하여 수준을 조절할 수 있다. 태그 도구도 플레이스틱 등으로 변경할 수 있다.

(1) 접시콘을 콩주머니로 변경하면 집기 더 쉬워진다. 집으면서 다른 콩주머니를 경계 쪽으로 옮길 수 있어 연속 공격에 유리해진다.
(2) 플레이스틱을 휘두르지 않고 몸통이나 다리를 찌르는 느낌으로 태그한다.

② 경기 규칙의 변형: 한 번에 하나씩 가진다는 규칙을 없앨 수 있다. 다만 태그 시에는 들고 있던 모든 접시콘을 반납한다.

(1) 한 번 공격 시에 여러 개의 접시콘을 들고 나올 수 있다. 또는 접시콘을 들고 있는 상태에서 다시 공격을 시도할 수 있다.

(2) 태그될 경우 들고 있던 접시콘을 모두 그 자리에 두고 나와야 한다.

③ 경기장의 변형: 다양한 모양의 경기장이나 커다란 하나의 경기장을 활용한다.

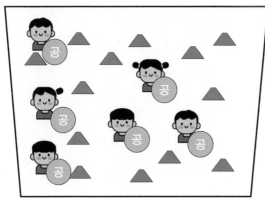

(1) 수비는 두 손으로 플레이스틱을 이용하여 공격을 태그한다.
(2) 플레이스틱을 휘두르지 않고 몸통이나 다리를 찌르는 느낌으로 태그한다.

잘하는 방법

① 공격팀에서 접시콘을 경기장에 늘어 놓고, 수비팀에서 조정하도록 하여 접시콘이 경기장에 고르게 흩어질 수 있도록 한다.
② 수비팀의 경기장 인원 배치는 수비팀 학생들이 자유롭게 결정하도록 한다.
③ 공격팀은 획득한 접시콘을 일정한 장소에 놓은 후에 다시 게임에 참여하도록 한다.

안전 및 유의사항

① 슬라이딩을 금지하여 상해를 예방한다.
② 수비가 공으로 태그할 때 강하게 밀지 않도록 한다.

다. 보물 모으기

1) 게임 만나기

교과 체육

개요 상대의 영역으로 들어가서 목표물을 확보하는 능력을 겨루는 게임이다. 수비와 목표물의 위치, 수비의 능력을 종합적으로 고려하여 적절한 판단을 내리는 의사결정능력을 향상시킨다. 비교적 긴 거리를 빠르게 달리는 과정에서 순발력과 지구력을 기를 수 있다. 목표물을 가져오고 지키는 활동 속에서 역할을 정하고 소통하며 협동심을 기른다. 정직하게 규칙을 지키는 태도를 기르는 데에도 도움이 된다.

장소 운동장(축구장), 강당(전체 이용)

준비물 접시콘, 팀조끼(2색), 신나는 음악

학년 3, 4학년

태그형 게임 # 규칙 준수 # 운동장 # 접시콘

2) 게임 즐기기

게임 방법

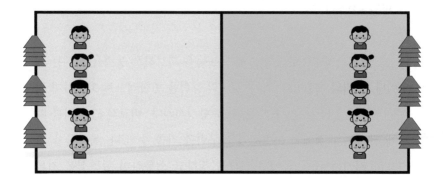

(1) 경기장 끝에 접시콘을 충분히 펼쳐 놓는다.

(2) 출발 신호와 함께 음악이 시작되면 공격을 시작한다.

(3) 상대 영역에 침범하여 접시콘을 자신의 영역으로 가져온다.

(4) 정해진 시간 후에 자신의 영역에 있는 접시콘의 숫자로 승패를 결정한다.

(5) 상대 영역에서 태그되면 손을 들고 자신의 영역으로 돌아온다. 이때 접시콘을 들고 있다면 태그된 자리에 두고 온다.

(6) 자신의 영역에 있는 접시콘을 지키기 위하여 자유롭게 접시콘을 옮길 수 있다.

주요 규칙

① 접시콘은 한 번에 한 개씩 옮길 수 있다.

② 상대를 태그할 때는 등이나 팔을 터치한다.

③ 상대 영역에서 태그를 당하면 손을 들고 자신의 영역으로 돌아온 후에 다시 침범할 수 있다.

④ 접시콘을 자신의 영역으로 던지거나 발로 찰 수 없다.

⑤ 머리카락, 옷 등에 닿아도 태그된 것으로 인정한다. 태그의 여부는 수비가 판단한다.

전술적 개념

① 수비가 약한 곳 노리기

② 역할 나누기(접시콘 가져오기, 접시콘 지키기 등)

③ 협력하여 접시콘 가져오기

④ 상대의 예측 파악하고 이용하기

① 방향과 속도 조절하여 수비와 거리 유지하기

② 빠르게 달리기

③ 지그재그 달리기

3) 더 놀기

게임의 변형

① 경기장의 변형: 경기장을 3~4개의 공간으로 만들어 3~4개의 팀이
   한 번에 참여하도록 한다.

---

(1) 전체 공간을 3~4개의 공간으로 구분하여 3~4개의 팀으로 게임을 진행한다.
(2) 팀끼리 자유롭게 연합하도록 하되 순위는 개별 팀 기준으로 정한다.

---

② 도구와 경기 방법의 변형: 접시콘 대신 공을 활용하고 자신의 영역
   으로 던지는 행위를 허용한다.

(1) 다양한 공을 목표물로 사용한다. 공의 종류에 따라 점수를 다르게 부여한다.
(2) 자신의 영역으로 공을 던지거나 차는 행위를 허용한다.

잘하는 방법

① 점수를 셀 때, 자신의 영역에 있는 목표물을 학생들이 직접 모아서 가져오도록 하면 정확하게 점수를 파악할 수 있고 정리를 수월하게 할 수 있다.

② 상대 영역의 목표물을 자신의 경계로 가져오는 공격 역할과 자신의 영역에 있는 목표물을 안전한 곳으로 옮기고 지키는 수비 역할을 안내하여 다양한 전술을 탐색하도록 한다.

안전 및 유의사항

① 태그할 때 밀지 않도록 한다.

② 슬라이딩을 하지 않도록 한다.

③ 충돌을 막기 위하여 주변을 살피며 달리도록 한다.

라. 2:1 패스 게임

1) 게임 만나기

교과 체육

개요 공을 패스하여 득점 구역으로 보내는 능력을 겨루는 팀 게임이다. 득점하기 유리한 공간으로 이동하고 공을 패스하기 위한 적절한 판단을 내리며 의사결정능력을 향상시킨다. 공을 정확하게 던지고 받는 협응성과 순간적으로 빠르게 이동하는 능력을 기를 수 있다. 공을 이동시키기 위하여 반드시 패스를 해야 하므로 팀원과 소통하고 협력하는 능력을 기르는 데 도움이 된다.

장소 운동장, 강당(배드민턴, 배구 코트 이용)

준비물 팀조끼, 소프트발리볼, 타이머, 라인

학년 3, 4학년

영역형 경쟁 # 협동심 # 강당 # 소프트발리볼

2) 게임 즐기기

게임 방법

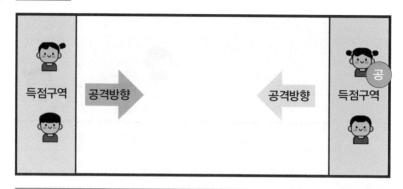

(1) 경기장의 득점 구역에서 게임의 시작을 기다린다.

(2) 경기가 시작되면 공을 가진 학생이 상대방 쪽으로 받기 좋게 공을 던져준다. 득점 구역에서 나온 상대방 학생이 공을 받으면 공격팀이 되고 플레이를 진행한다.

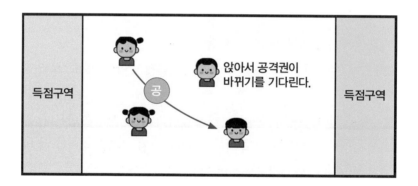

(3) 공을 받은 학생은 이동을 할 수 없고 패스만 할 수 있다.

(4) 공격팀의 공을 갖지 않은 학생은 패스를 받기 위하여 노력한다.

(5) 수비팀은 한 명만 수비에 참여할 수 있다. 공격권이 바뀔 때마다 번갈아 가며 자리에 앉음으로써 수비에서 빠진다.

(6) 공격팀이 공을 경기장 밖으로 던지거나 수비팀에게 빼앗기면 공격과 수비 역할이 바뀌고, 공을 가진 학생은 바로 공격을 시도할 수 있다.

(7) 패스를 통해 득점 구역까지 이동에 성공하면 1점을 얻는다.

(8) 득점에 성공하면 공을 가지고 원래대로 돌아와서 상대방에게 공을 던져주어 경기를 재개한다.

주요 규칙

① 공을 가진 상태에서는 이동을 할 수 없다.

② 득점 구역에서는 노바운드로 공을 안전하게 받아야 득점으로 인정된다.

③ 수비를 할 때는 번갈아가며 자리에 앉아서 2:1의 상황을 만든다.

④ 신체접촉은 원칙적으로 금지하고, 공을 가진 학생을 수비할 때 반드시 한 발 이상 떨어져서 수비한다.

전술적 개념

① 수비가 없는 득점구역에 가까운 방향으로 공 연결하기

② 공을 받아야 하는 학생을 중점적으로 마크하기

주요 기술

① 거리에 적절하게 공 던지고 받기

② 빠르게 이동하며 공 연결하기

③ 패스 차단하기

3) 더 놀기

게임의 변형

① 득점 방식의 변형 1: 농구(넷볼) 골대를 득점 구역에 설치하여 농구 형 게임으로 운영한다.

(1) 경기장 안, 양쪽 끝에 넷볼 골대를 세워 골대 안으로 공을 넣을 경우 1점을 획득한다.

(2) 슛을 할 때는 방해를 할 수 없다.

(3) 무빙 바스켓이나 후프를 이용하여 골대를 대신할 수 있다.

② 득점 방식의 변형 2: 핸드볼(미니 축구) 골대를 경기장 양 끝에 설치

(1) 경기장 양쪽 끝, 밖에 핸드볼 골대를 세워 골대 안으로 공을 넣을 경우 1점을 획득한다.

(2) 슛을 할 때 방해를 하거나 골문을 막을 수 있다.

③ 인원 및 경기장 크기의 확대: 학생들의 경기 능력이 높아지면 2:2, 3:2, 3:3 게임으로 변형하고, 경기장을 확대한다.

잘하는 방법

① 2인이 공을 연결하여 득점구역으로 이동하는 연습을 충분하게 실시한다. 이때, 다양한 상황을 제시하여 적절하게 패스하는 방법을 탐색하도록 한다.

② 패스 실수를 하지 않으려고 가까운 거리에서만 패스를 주고 받는 경우가 발생할 수 있다. 교사가 연습게임에 참여하여 수비의 뒷공간으로 롱패스를 시도하여 학생들에게 공간을 넓게 활용하는 방법을 안내한다.

③ 게임 중 수비로 전환될 때, 번갈아 앉는 것을 학생들이 혼동하거나 경기장 밖으로 나가서 공격을 기다리는 경우가 있다. 수비에서 빠지

는 순서를 미리 정하고 경기장 안에서 앉는 것을 충분히 안내한다.

① 적극적인 수비에 의한 긁힘 등을 대비하여 수비는 공을 가진 공격
수로부터 한 발 이상 떨어져 공격을 방해하도록 한다.

② 빠르게 이동하는 과정에서 충돌이 발생할 수 있으니, 주변을 살피
며 이동하는 연습을 충분하게 하도록 한다.

마. 얼티밋 디스크

1) 게임 만나기

`교과` 체육

`개요` 플라잉디스크를 패스하여 득점 구역으로 보내는 능력을 겨루는 팀 게임이다. 패스만으로 디스크를 득점 구역으로 보내야 하는 특성에 따라 반드시 팀원과 소통하고 협력을 해야 한다. 득점에 유리한 곳으로 디스크를 연결하기 위하여 공간과 상대의 위치를 판단하여 적절하게 의사결정을 하는 능력이 필요하다. 디스크를 정확하게 던지고 받는 과정에서 협응성을 기를 수 있고 빠르게 방향을 전환하고 정해진 시간 동안 계속해서 달려야 하기에 순발력과 민첩성을 비롯한 다양한 체력 향상에 도움이 된다.

`장소` 강당, 운동장

`준비물` 팀조끼, 플라잉디스크, 타이머, 라인

`학년` 3, 4학년

영역형 경쟁 # 협동심 # 운동장 # 플라잉디스크

2) 게임 즐기기

게임 방법

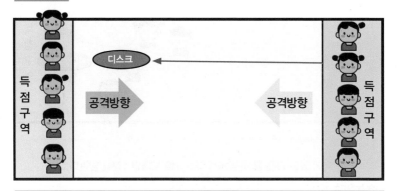

(1) 경기장 양 끝의 득점 구역에 양 팀이 나누어 선다.

(2) 디스크를 가진 팀에서 상대팀이 받기 좋게 디스크를 던져주면, 모든 학생이 득점 구역 밖으로 나와 게임을 시작한다.

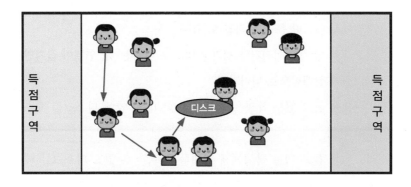

(3) 디스크를 가진 팀은 디스크를 땅에 떨어뜨리지 않고 득점 구역으로 연결한다. 디스크를 떨어뜨리거나 경기장 밖으로 보내면 공격과 수비가 바뀐다.

(4) 수비는 디스크를 빼앗을 수 없고 패스를 차단하는 방법으로 공격을 방해한다. 디스크를 들고 있는 학생에게 한 발 이상 떨어져서 수비를 한다.

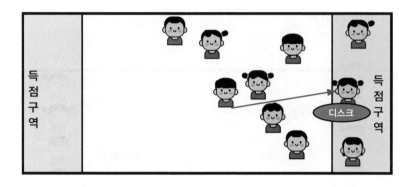

⑸ 득점구역에 있는 같은 팀 학생에게 디스크를 보내면 1점을 얻는다.

⑹ 수비는 상대의 득점구역으로 들어갈 수 없다.

⑺ 득점이 이루어지면 득점구역을 서로 바꾸어 경기를 재개한다.

주요 규칙

① 디스크를 들고 있는 상태에서는 이동할 수 없다. 한 발을 축으로 제자리에서 돌거나 몸을 움직일 수 있다.

② 디스크가 땅에 떨어지거나 경기장 밖으로 나가는 등, 연결이 끊기면 공격권이 상대팀으로 넘어간다.

③ 디스크를 들고 있는 학생은 일정 시간(약 10초) 안에 디스크를 패스해야 한다.

④ 디스크를 들고 있는 학생에게 신체를 접촉할 수 없고 디스크를 빼앗을 수 없다. 한 발 이상 떨어져서 수비를 해야 한다.

⑤ 디스크를 가진 학생에게 두 명 이상이 수비를 할 수 없다.

⑥ 상대의 득점 구역으로 들어가서 수비를 할 수 없다.

① 공간 넓게 쓰기

② 공격 오래하기

③ 공간 지키기

① 디스크 던지고 받기

② 디스크 멀리 던지기

③ 수비 피해 디스크 던지기

④ 수비 따돌려 디스크 받기

3) 더 놀기

① 도구의 변경: 공 사용

⑴ 디스크를 던지는 능력이 부족할 경우 말랑한 공을 활용한다.

⑵ 공을 튕겨 패스할 수 있고 공을 놓치더라도 잡으면 공격을 이어갈 수 있다.
다만, 득점구역에서는 공을 바운드 없이 잡아야 한다.

---

② 경기 방법의 변경: 패스 의무 규칙 적용

(1) 올 터치(공격팀 모든 학생이 공을 만진 후 득점 시도 가능) 규칙을 적용한다. 다만 경기 중에 엄격하게 확인하기 어려울 수 있다.
(2) 올 터치 규칙의 대안으로 의무 패스 횟수를 정할 수 있다. 공격과 수비가 전환된 경우, 패스 횟수는 처음부터 다시 센다.

잘하는 방법

① 밀접 수비를 방지하기 위하여 디스크를 들고 있는 학생이 팔을 뻗어 디스크로 수비를 태그하면 수비는 10초간 정지상태가 되도록 한다.
② 10초 이내에 디스크를 던지는 규칙을 엄격하게 적용하기 어렵다. 수비팀이나 대기팀(심판)에서 크게 10을 세도록 한다.
③ 디스크를 던지는 전형적인 방법이 있지만 이를 강요하지 않는다. 상황에 적절하게 던지고 받을 수 있는 다양한 방법을 시도하도록 한다.

안전 및 유의사항

① 디스크는 말랑한 소재의 폼 디스크를 활용한다. 실내에서 할 경우 천 소재로 만들어진 디스크를 활용할 수 있다.
② 디스크를 잡는 과정에서 손가락을 다칠 수 있으니 손가락을 충분하게 풀어주고, 디스크를 던지고 받는 연습을 충분히 한다.
③ 신체 접촉 금지와 일정거리 유지 규칙을 철저하게 적용한다.

바. 풋살

1) 게임 만나기

교과 체육

개요 발로 공을 다루며 상대 골대에 골을 넣는 능력을 겨루는 팀 게임이다. 상대보다 영역을 넓게 사용하고 공격을 오래하기 위한 과정에서 소통능력과 의사결정능력을 향상시킨다. 발로 공을 다루는 과정에서 협응성을 기르고 패스와 슛을 구사하며 순발력을 높일 수 있다. 빠르고 느린 이동을 반복적으로 하는 과정에서 전신의 지구력을 높인다. 공을 연결하고 수비하는 과정에서 동료와 소통하고 협력하는 태도를 기른다.

장소 강당, 운동장

준비물 풋살공(또는 3호 축구공), 팀조끼, 점수판

학년 3, 4학년

#영역형 경쟁 #협동심 #운동장 #축구공

2) 게임 즐기기

게임 방법

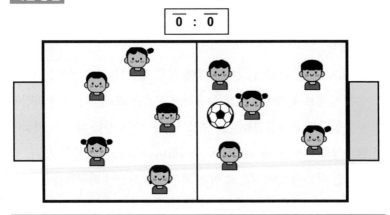

(1) 공격팀이 공을 차서 패스나 슛을 하며 게임을 시작한다.
(2) 드리블이나 패스 기술을 이용하여 공을 이동시킨다.
(3) 수비팀은 공격을 방해한다.

(4) 상대편 쪽에 위치한 골대에 공을 넣으면 1점을 얻는다.
(5) 어떠한 경우에도 손을 사용하지 않고 공격과 수비를 한다.
(6) 득점을 허용하면 경기장 중앙에서 득점을 허용한 팀에 의해 경기를 다시 시작한다.

⑺ 공이 경기장 밖으로 나가면 마지막에 공을 터치한 상대팀이 킥인(발로 차서)으로 경기를 재개한다.

⑻ 경기중 신체접촉(반칙)이 있거나 공을 손으로 만질 경우, 그 자리에서 프리킥으로 경기를 재개한다.

주요 규칙

① 패스와 슛은 무릎 이하의 높이로만 찬다. 높이 찰 경우는 반칙으로 찬 곳에서 상대에게 프리킥을 준다.

② 공을 가진 학생에 대한 모든 신체접촉은 반칙으로 신체접촉이 일어난 지점에서 프리킥을 준다.

③ 모든 학생이 손을 쓰지 않기 때문에 골키퍼는 따로 두지 않는다. 필요에 따라서 골키퍼를 둘 수 있다.

전술적 개념

① 공격 오래하기

② 공간 넓게 쓰기

③ 공간 지키기

주요 기술

① 원하는 곳으로 공 차기(패스, 슛)

② 공 받고 지키기

③ 마크(공격하는 상대 학생 밀접 수비)

3) 더 놀기

게임의 변형

① 도구의 변형: 발을 이용하지 않고 손을 이용하여 핸드볼형 게임으로 운영할 수 있다. 스틱과 공을 활용하면 하키형 게임으로 운영할 수 있다.

(1) 하키 스틱(플로어볼)을 이용하여 공을 다룬다.
(2) 공을 띄우지 않도록 한다.
(3) 스틱으로 다른 학생을 치지 않도록 지도한다.

② 공간의 제한: 공격과 수비의 역할을 구분하여 해당 영역에서만 움직일 수 있도록 하여 더 많은 학생이 공을 만지고 협동할 기회를 제공할 수 있다.

(1) 각 팀에서 수비와 공격의 역할을 자유롭게 구분한다.
(2) 공격수와 수비수는 서로의 공간에서만 활동한다.

③ 경기 방법의 변형: 인원수 조절, 경기장 크기 확대 또는 축소, 패스나 슛의 높이 제한 없애기 등으로 변형할 수 있다.

잘하는 방법

① 축구형 게임은 성별보다 축구에 대한 누적 경험이 경기력에 큰 영향을 준다. 저체력 및 기능 부족 학생의 공을 빼앗을 수 없도록 특별 규칙을 적용하고 득점 시 부가점을 줄 수 있도록 한다.
② 수업 초기에 공을 가진 학생에게 2~3보 이상 떨어져야 하는 규칙을 만들어 게임이 원활하게 운영되도록 한다. 이때 드리블의 횟수를 제한하는 규칙이 함께 정해져야 한다.
③ 준비운동으로 드리블이나 패스 연결 후 슛 활동 등으로 기능을 충분히 향상시킬 수 있도록 한다.

안전 및 유의사항

① 공을 높게 찰 경우 부상의 위험이 있으므로 공이 무릎 높이 이상 올라갈 경우 반칙으로 판정한다.
② 말랑한 공의 경우 공을 다루는 과정에서 발목 등에 부상을 유발할 수 있다.

사. 크리켓형 게임

1) 게임 만나기

교과 체육

개요 빈 공간으로 공을 보내고 지정된 곳을 돌아오는 능력을 겨루는 팀 게임이다. 수비가 받기 어려운 곳으로 공을 던지거나 공격수가 던진 공을 빨리 잡고 연결하기 위해 자리를 잡는 과정에서 의사결정능력이 향상된다. 원하는 곳으로 공을 던지고 받는 과정에서 협응성을 기른다. 정해진 지점을 빠르게 돌아오는 과정에서 민첩성과 순발력을 향상시킨다. 공간을 효율적으로 막기 위하여 개인의 능력을 고려하여 역할을 정하는 과정에서 배려와 소통을 배울 수 있다. 자신의 공격 차례에서 스스로 역할을 수행하고 주어진 공간을 수비하는 활동에서 책임감을 기른다.

장소 강당, 운동장

준비물 베이스 2개, 던지기 공(티볼 공), 점수판

학년 3, 5학년

필드형 경쟁 # 책임감 # 운동장 # 공

2) 게임 즐기기

게임 방법

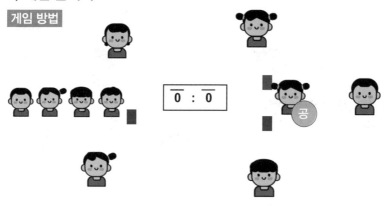

(1) 공을 던지는 학생과 공격팀은 일정한 거리를 두고 나누어 선다.

(2) 수비팀은 경기장에 넓게 펼쳐 선다.

(3) 공격팀 학생이 모두 공격을 하면 공격과 수비를 교대한다.

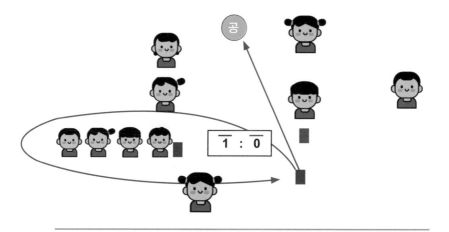

(4) 공을 가진 학생은 경기장으로 공을 던지고 일렬로 서 있는 공격팀을 돌아 베이스로 돌아온다.

(5) 수비팀이 공을 모두 터치하기 전까지 돌아온 바퀴 수만큼 점수를 올린다.

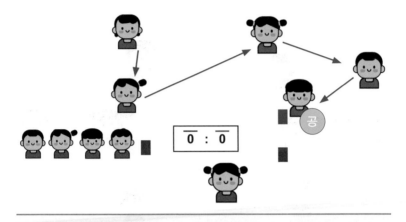

(6) 던져진 공 가까이에 있는 학생은 공을 잡고 수비팀의 모든 학생에게 전달한다.

(7) 공격팀이 출발한 곳으로 돌아오기 전에 수비팀의 모든 학생이 공을 만진 후 수비팀 베이스를 찍으면 득점을 멈춘다.

주요 규칙

① 공을 던질 때, 한 발은 반드시 베이스를 밟고 있어야 한다.

② 아웃의 개념이 없다. 수비가 공을 공중에서 잡더라도 무조건 플레이가 연결된다. 수비가 공을 모두 연결하기 전까지 달린 바퀴 수가 득점으로 인정된다.

③ 수비팀 전원이 공을 터치한 후 공을 들고 수비팀 베이스를 찍어야 득점을 멈출 수 있다.

전술적 개념

① 빈 공간으로 공 보내기

② 효율적으로 공간 수비하기

주요 기술

① 공 던지고 받기

② 빠르게 달리기

3) 더 놀기

① 도구의 변형: 럭비공이나 배구공 등을 차는 방법으로 공격을 할 수 있다. 킨볼을 이용할 수도 있다.

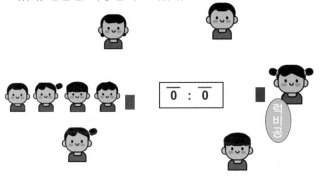

(1) 럭비공 등 다양한 공을 차거나 던지는 방법으로 공격을 한다.
(2) 티볼 등 도구를 이용하여 공을 치는 방법으로 공격을 한다.

② 게임 방법의 변형: 공격수가 던진 공을 수비수가 공중에서 받으면 달릴 기회가 없어지는 규칙을 적용할 수 있다.

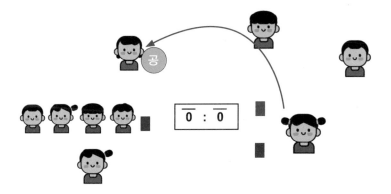

(1) 공격수가 공을 던지고 정해진 지점을 돌아 득점을 한다.
(2) 공격수가 던진 공을 수비수가 공중에서 잡으면 아웃이 된다.

잘하는 방법

① 성취감과 흥미를 높이기 위하여 공격팀이 돌아와야 하는 거리는 모든 학생이 득점을 올릴 수 있을 정도로 짧게 정하는 것이 좋다. 게임을 운영하며 거리를 조정할 수 있다.
② 실내에서는 안전을 위하여 기구를 모두 치우고 출입구를 닫은 상태로 게임을 운영한다.
③ "어디로, 어떻게" 질문을 많이 하여, 학생들의 의사결정능력을 향상시킨다.

안전 및 유의사항

① 게임 활동 중 학생 간 충돌을 방지하기 위하여 공격팀의 동선과 수비팀의 동선을 최대한 겹치지 않도록 한다.
② 사람을 향하여 공을 강하게 던지지 않도록 한다.
③ 슬라이딩을 하지 않도록 지도한다.

아. 던지기 야구

1) 게임 만나기

교과 체육

개요 페어 지역으로 공을 보내고 지정된 곳을 돌아오는 능력을 겨루는 팀 게임이다. 수비가 받기 어려운 페어 지역으로 공을 던지거나 공격수가 던진 공을 빨리 잡고 연결하는 과정에서 의사결정능력이 향상된다. 방향과 거리를 고려하여 공을 보내는 과정에서 협응성과 순발력을 기른다. 공간을 효율적으로 나누고 역할을 정하며 소통하고 이를 수행하며 협력하게 된다. 또한, 자신의 역할을 충실하게 수행하는 책임감을 기르게 된다. 높은 수준의 협응성과 복잡한 규칙으로 접하기 어려운 야구형 게임을 쉽게 접할 수 있게 된다.

장소 운동장, 강당

준비물 캐치볼, 라인기, 베이스, 접시콘, 점수판

학년 3, 5학년

필드형 경쟁　# 책임감　# 운동장　# 캐치볼

2) 게임 즐기기

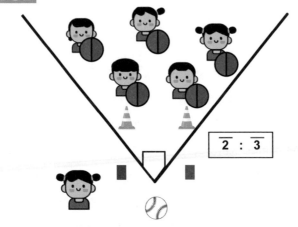

(1) 공격팀은 공을 필드에 던질 준비를 한다.

(2) 수비는 필드에 흩어져서 공을 받을 준비를 한다. 수비는 캐치볼 글러브를 착용한다.

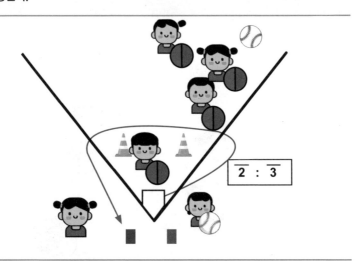

(3) 타자는 필드로 공을 던지고 정해진 콘을 돌아온다.

(4) 수비보다 빨리 공격 홈베이스로 돌아오면 1점을 얻는다.

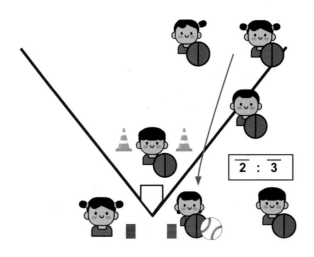

(5) 수비는 타자가 던진 공을 수비 홈베이스로 빠르게 연결한다.

(6) 타자보다 빨리 수비 홈베이스로 공을 보내면 실점을 막는다.

(7) 공격팀이 모두 공격을 시도하면 공격과 수비를 바꾸고, 2~3회를 반복하여 점수의 합이 큰 팀이 승리한다.

주요 규칙

① 타자는 페어 지역으로 3회의 던질 기회를 얻는다.

② 타자는 반드시 두 개의 콘을 돌아서 공격 홈베이스를 밟아야 한다.

③ 수비는 공을 들고 수비 홈베이스를 밟아야 한다.

④ 안전을 위하여 공으로 타자를 터치하지 않는다.

전술적 개념

① 공격: 수비가 없는 공간으로 공 보내기(거리, 방향 조절)

② 수비: 필드를 효율적으로 나누어 담당하기

③ 수비: 협력하여 빠르게 공 연결하기

① 원하는 곳으로 공을 던지는 기술

② 구부러진 코스를 빠르게 달리는 기술

③ 공을 받고 정확하게 던지는 기술

3) 더 놀기

① 도구의 변형: 던지는 것이 익숙해질 경우 발로 차거나(발 야구) 방망
이로 공치기(티볼, 소프트볼, 야구 등)로 공격 방법을 변형시킨다.

1) 공격팀은 티(받침대) 위에 공을 놓고 방망이로 쳐서 공을 필드로 보낸다.
2) 안전을 위하여 타자 뒤쪽에 있지 않도록 한다.

② 규칙의 변형: 공격이 한 번에 돌아오기 어려울 경우 안전하게 머물
수 있는 베이스를 추가한다.

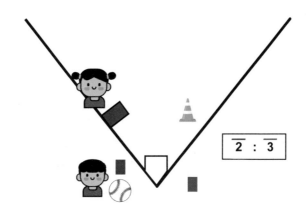

① 공격을 하기 전에 어디로 보내야 하는지를 미리 생각한 후 공을 던
　지도록 한다.

② 수비를 할 때 자신의 역할이 무엇이며, 자신에게 공이 올 경우와 오
　지 않을 경우를 미리 생각하여 대비하도록 한다.

③ 공을 강하게 던지기 위하여 몸의 중심 이동과 몸통의 회전을 바르
　게 사용하도록 지도한다.

안전 및 유의사항

① 공을 던질 때는 상대방의 가슴을 향하여 받기 좋게 던지도록 한다.

② 슬라이딩을 금지한다.

③ 충돌을 방지하기 위하여 공격용 베이스와 수비용 베이스를 구분하
　여 설치하고, 가급적 동선이 겹치지 않도록 한다.

자. 킥런볼

1) 게임 만나기

교과 체육

개요 페어 지역으로 공을 차서 보내고 팀원들 주위를 돌아오거나 협동하여 공격을 막는 능력을 겨루는 팀 게임이다. 수비가 약한 곳으로 공을 보내거나 수비 공간을 효율적으로 막기 위하여 적절한 의사결정이 필요하다. 발로 공을 정확하게 차고 날아오는 공을 받는 활동을 통해 협응성을 기르고 달리며 이동하는 과정에서 전신의 순발력을 향상시킨다. 자신의 차례에 적극적으로 공격하고 주어진 공간을 수비하는 과정에서 책임감을 기른다.

장소 운동장, 강당

준비물 소프트럭비공, 라인기, 베이스, 접시콘, 점수판

학년 3, 5학년

\# 필드형 경쟁 \# 책임감 \# 운동장 \# 소프트럭비공

2) 게임 즐기기

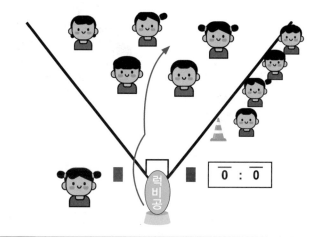

(1) 공격팀은 정해진 지점에 한 줄로 서고, 타자는 홈에서 페어 지역으로 공을 찬다.

(2) 수비는 필드에 흩어져서 공을 받을 준비를 한다.

(3) 타자가 찬 공이 공중에서 수비에게 잡히면 타자가 뛸 기회가 없어진다.

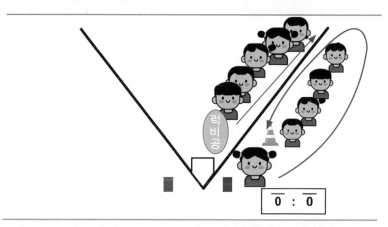

(4) 타자가 찬 공이 페어 지역에 떨어질 경우 타자는 정해진 지점의 공격팀 주위를 2바퀴 돌아 공격 홈베이스로 돌아온다. 수비보다 빨리 공격 홈베이스로 돌아오면 1점을 얻는다.

(5) 타자가 정해진 바퀴보다 더 많이 돌아올 경우, 더 돌은 바퀴 수만큼 점수를 추가한다.

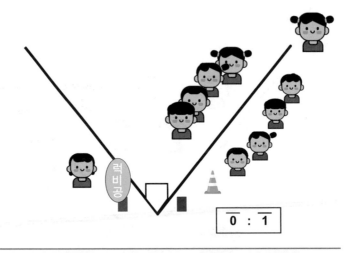

(6) 수비는 공을 잡고 한 줄로 서서 가랑이 사이로 공을 전달한 후, 공을 수비 홈베이스로 빠르게 연결하여 타자보다 빨리 수비 홈베이스로 공을 보내면 실점을 막는다.

(7) 공격팀이 모두 공격을 시도하면 공격과 수비를 바꾸고, 2~3회를 반복하여 점수의 합이 큰 팀이 승리한다.

주요 규칙

① 타자는 3회의 찰 기회를 얻는다.

② 타자는 반드시 자신의 팀 바깥쪽을 돌아야 한다.

③ 수비는 공을 들고 수비 홈베이스를 밟아야 한다.

④ 수비팀의 모든 학생이 가랑이 사이로 공을 전달한 후 홈베이스로 공을 보내야 한다.

전술적 개념

① 공격: 수비가 없는 공간으로 공 보내기

② 수비: 필드를 효율적으로 나누어 담당하기

③ 수비: 공을 빠르게 연결하기

① 원하는 곳으로 공을 차는 기술

② 빠르게 달리는 기술

③ 공을 받고 던지는 기술

3) 더 놀기

게임의 변형

① 도구의 변형: 플라잉디스크를 이용하여 페어 지역으로 던지는 방식
으로 게임을 운영할 수 있다.

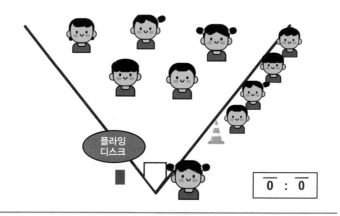

(1) 플라잉디스크를 페어 지역으로 던져 게임을 운영한다.
(2) 수비는 디스크를 방법에 제한 없이 모두 한 번씩 만진 후 수비 홈베이스를
찍는다.

② 게임 방법의 변형: 단순하게 공격팀 주위를 달려오는 것이 아니라 하
이파이브 등 특별한 과제를 포함하면 친교에 더 도움이 될 수 있다.

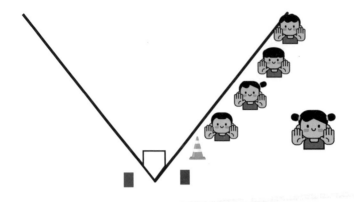

---

(1) 타자가 페어 지역으로 공을 보낸 후 정해진 지점을 돌며 하이파이브를 한다.

(2) 악수, 주먹 하이파이브 등 다양한 동작으로 응용할 수 있다.

잘하는 방법

① 소프트럭비공을 차기 위하여 바닥에 세울 때 접시콘을 이용한다. 접시콘 상단을 잘라서 공이 잘 세워지게 만들 수 있다. 접시콘에 잘 세워지지 않을 수 있으니 들고 차거나 눕힌 상태로 차는 것도 허용한다.

② 타자가 자신의 팀 주위를 돌 때, 간격을 좁히거나 양 끝의 학생이 도움을 줄 수 있도록 안내한다.

③ 타자가 찬 공이 공중에서 잡히지 않도록(플라이 아웃) 공간을 잘 활용하도록 한다. 학생 수준에 따라서 플라이 아웃을 적용하지 않고 무조건 달리게 하는 방법도 가능하다.

④ 수비팀에서 공을 전달할 때 마지막에 공을 받아 홈베이스로 연결하는 학생의 역할을 적절하게 정하도록 안내한다.

⑤ 활발한 소통을 강조한다. 공격팀이 달리는 바퀴 수를 알려주거나,

수비팀이 공을 질서있게 절달하기 위하여 소통이 중요하다.

① 슬라이딩을 금지한다.

② 충돌을 방지하기 위하여 공격용 베이스와 수비용 베이스를 구분하여 설치하고, 가급적 동선이 겹치지 않도록 한다.

차. 던지기 소프트발리볼

1) 게임 만나기

`교과` 체육

`개요` 공을 바닥에 떨어뜨리지 않고, 주로 손으로 공을 치거나 던져서 네트 너머로 넘기는 능력을 겨루는 팀 게임이다. 상대가 받기 어렵게 공을 넘기는 방법을 탐색하며 의사결정능력을 향상시킨다. 공을 치거나 받고 던지는 활동을 통해 협응성을 기르고 강하게 공을 보내거나 높게 점프하며 순발력을 높일 수 있다. 상대의 플레이를 존중하고 여러 명이 함께 코트를 지키는 과정에서 소통과 협력을 경험할 수 있다.

`장소` 운동장, 강당(배드민턴 코트 활용, 네트는 2m 정도로 설치)

`준비물` 소프트발리볼, 점수판, 2m 지주와 네트

`학년` 3, 6학년

네트형 경쟁 # 배려 # 강당 # 소프트발리볼

2) 게임 즐기기

게임 방법

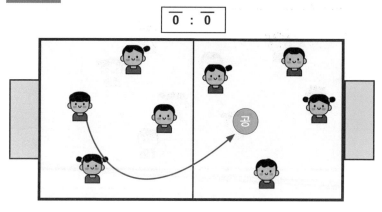

(1) 경기는 프리볼 서브(코트 중앙에서 상대 코트 중앙으로 무지개처럼 던지기)로 시작한다.

(2) 서브는 반드시 손을 이용해야 한다.

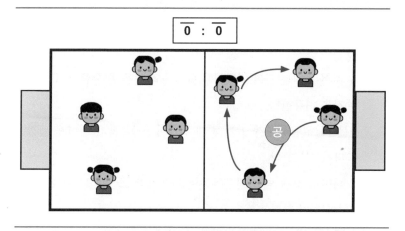

(3) 서브된 공을 바닥에 떨어뜨리지 않고 모든 학생이 공을 만진 후 상대 코트로 넘긴다.

(4) 공을 바닥에 떨어뜨리면 상대에게 1점을 준다.

(5) 상대가 받기 어려운 곳으로 공을 던지거나 쳐서 보낸다.

(6) 공을 네트 너머로 보낼 때는 무지개처럼 포물선으로 보낸다.

(7) 상대 코트에 공이 닿으면 1점을 얻는다.

(8) 득점을 얻은 팀에서 프리볼 서브로 게임을 재개한다.

주요 규칙

① 공을 쳐서 보내는 것이 원칙이나 학생들의 협응성 수준을 고려하여 잡는 것을 허용한다.

② 프리볼 서브는 상대가 받기 좋게 넘겨야 하고 받기 어렵게 넘겼을 경우 다시 시도한다.

③ 네트 너머로 공을 넘길 경우에는 무지개처럼 포물선 모양으로 공을 던지거나 쳐야 한다.

④ 한 사람이 연속해서 공을 터치할 수 없다.

⑤ 공이 경기장 밖에 떨어진 경우, 직전에 공을 터치한 반대팀에서 1점을 득점한다.

⑥ 공은 네트를 맞아도 관계 없다.

⑦ 선수는 네트를 건드리거나 상대코트로 넘어갈 수 없다. 이를 어길 경우 상대에게 1점을 준다.

① 상대가 받기 어려운 공간(구석, 수비 사이)으로 공 보내기
② 공을 받기 유리한 공간에서 준비하기
③ 빠르게 공 연결하기

주요 기술

① 안전하게 공 던지고 받기
② 낙하 지점으로 빠르게 이동하는 스텝
③ 공을 쳐서 연결하기(패스, 토스, 스파이크)

3) 더 놀기

게임의 변형

① 도구의 변형: 빅발리볼 또는 배구공을 활용함으로써 게임의 수준과 속도를 조절한다.

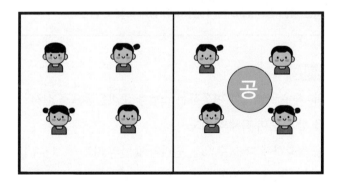

(1) 빅발리볼을 이용하여 팀의 모든 학생이 공을 한 번 이상 터치 한 후에 공을 네트 너머로 넘기도록 한다.
(2) 공을 능숙하게 다룰 경우 배구공을 활용하면 더 빠른 플레이가 가능하다. 안전을 위하여 강하게 치는 동작은 제한한다.

② 경기 방법의 변형: 공을 잡을 수 있는 권한을 점차적으로 제한하고 서브를 도입하여 정식 배구 게임에 가깝게 변형한다.

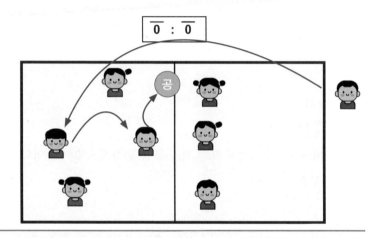

(1) 경기장 밖에서 공을 쳐서 상대 코트로 공을 보내는 서브를 도입한다.
(2) 넘어온 공을 잡지 않고 쳐서 연결하여 상대 코트로 넘긴다.

잘하는 방법

① 앞뒤, 좌우로 빠르게 이동하는 스텝을 준비운동으로 실시

② 공을 받는 준비 자세의 지도

③ 공을 정확하게 다룰 수 있는 원리와 방법의 지도

④ 말로 소통하여 협력할 수 있는 방법 지도

① "마이볼" 등의 말을 통해 역할을 구분하여 충돌을 방지

② 공을 발로 차거나 깔고 앉지 않도록 지도

③ 항상 공이 자신에게 올 수 있다는 마음으로 게임에 참여하도록 지도

카. 피클볼

1) 게임 만나기

교과 체육

개요 패들로 공을 쳐서 네트 너머로 넘기는 능력을 겨루는 개인 또는 팀 게임이다. 상대가 공을 정확하게 쳐서 넘기기 어렵게 공을 넘기려고 노력하며 공간을 적절하게 활용하는 의사결정능력을 기른다. 패들로 공을 정확하게 치기 위하여 협응성을 기르고 방향을 빠르게 바꾸고 이동하면서 민첩성이 향상된다. 네트를 기준으로 상대의 영역을 침범하지 않는 게임 구조 속에서 존중의 가치를 경험하게 된다.

장소 강당(배드민턴 코트 활용, 네트는 1m 정도로 설치), 운동장

준비물 패들(피클볼 라켓), 공, 점수판

학년 3, 6학년

네트형 게임　# 배려　# 강당　# 피클볼

2) 게임 즐기기

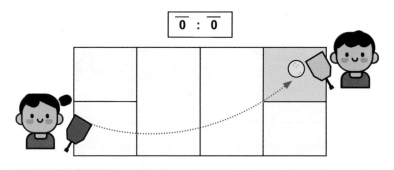

(1) 경기는 서브(경기장 밖에서 네트 너머의 상대 코트로 보내는 기술)로 시작한다.
(2) 서브를 넣는 사람의 점수가 짝수일 때는 오른쪽에서, 홀수일 때는 왼쪽에서 대각선으로 보낸다.

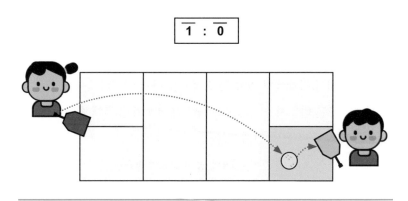

(3) 서브된 공은 반드시 원바운드(바닥에 한 번 튀기기)된 후에 칠 수 있다.
(4) 서브 이후에는 코트 어디로든 공을 보낼 수 있다.

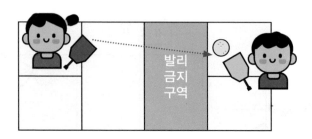

(5) 랠리(공 연결하기)가 왕복 1회 된 후부터 발리(날아오는 공을 바로 치는 기술)가 가능하다.

(6) 발리 금지 구역 안에서는 발리를 할 수 없다. 발리를 시도하고 발리 금지 구역 안에 들어가는 것도 반칙이다.

주요 규칙

① 서브는 자신의 점수가 짝수일 경우 오른쪽에서 대각선으로 넘긴다.

② 서브는 상대 코트의 지정된 공간으로 보내야 한다.

③ 서브는 허리 아래에서 쳐야 하고 점프를 하면 안된다.

④ 서브된 공은 반드시 원 바운드(바닥에 한 번 튀기기) 후에 받아 넘긴다.

⑤ 공은 패들로 한 번만 칠 수 있다.

⑥ 패들로만 공을 쳐야 한다(신체에 공이 닿으면 반칙).

⑦ 네트 근처 공간에서는 발리(날아오는 공을 바로 치는 기술)가 금지된다.

전술적 개념

① 상대가 받기 어렵게 공 넘기기

② 좌우, 앞뒤 공간을 적극 활용하기

③ 공을 받아 넘기는 데 유리한 공간(정위치)으로 돌아오기

주요 기술

① 서브 기술

② 포핸드 스트로크와 스텝

③ 백핸드 스트로크와 스텝

④ 발리와 스텝

3) 더 놀기

게임의 변형

① 인원수의 변형: 초등학생 등 초급자는 단식을 중심으로 학습하는 것을 추천하지만, 협력과 소통을 위하여 복식 게임을 운영할 수 있다. 기본적인 규칙은 단식 경기와 유사하다.

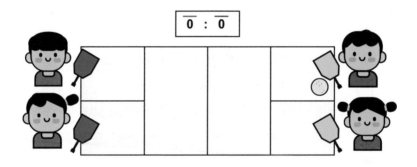

(1) 2:2로 게임을 운영한다.

(2) 팀의 점수가 짝수일 때는 오른쪽에 있는 사람이 대각선으로 서브를 넣는다. 연속 득점으로 서브를 넣을 때는 서브팀이 위치를 서로 바꾼다.

(3) 랠리 중에는 순서에 관계 없이 공에 가까이 있는 학생이 공을 친다.

② 도구와 경기장의 변형:

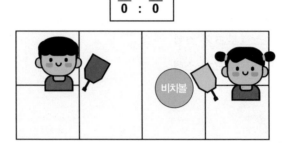

(1) 코트의 안쪽 발리 금지 구역만을 유효 코트로 사용한다.
(2) 속도가 느린 비치볼을 사용하면 협응성이 부족한 학생들이 쉽게 피클볼을 즐길 수 있다.

잘하는 방법

① 서로 짝을 이루어 네트 근처의 짧은 거리에서 원바운드로 공을 오래 주고받는 연습을 충분히 한다. 이를 통해 공을 맞히는 능력과 몸 앞에서 공을 치는 자세를 숙달할 수 있다.

② 손목의 운동 만으로 공을 치는 자세는 공을 정확하게 보내기 어렵다. 몸통의 회전과 안정적인 팔의 스윙을 충분히 연습한다. 또한 백핸드 스윙을 가급적 줄이고 스텝으로 이동하여 포핸드로 칠 수 있도록 지도한다.

③ 공인 피클볼은 점수를 세는 방식이 다소 복잡하다. 배드민턴의 점수 방식이 더 간편하기에 이 책에서는 배드민턴의 방식을 적용하였다.

안전 및 유의사항

① 패들을 던지거나 휘둘러서 다른 사람을 치지 않도록 한다.

② 사람을 향하여 공을 세게 치지 않도록 지도한다.

③ 연습시 플라스틱 공이 바닥에 있을 경우 발목 부상의 위험이 있으므로 바닥을 항상 안전하게 정리한다.

타. 데스크 핑퐁

1) 게임 만나기

교과 체육

개요 상대가 받기 어렵게 책상에 탁구공을 튕기는 능력을 겨루는 개인 또는 팀 게임이다. 상대가 받기 어렵게 공을 튕겨 보내는 과정에서 다양한 시도를 하고 적절한 판단을 내리게 된다. 빠르게 움직이는 작은 공을 잡는 과정에서 협응성이 발달되고 순간적으로 몸을 움직이는 민첩성이 향상된다. 상대의 움직임을 읽고 예측하며 상대의 생각을 공감하고 존중하는 태도를 기를 수 있다.

장소 교실, 강당

준비물 책상(탁구대), 탁구공

학년 3, 6학년

네트형 경쟁 # 배려 # 교실 # 탁구공

2) 게임 즐기기

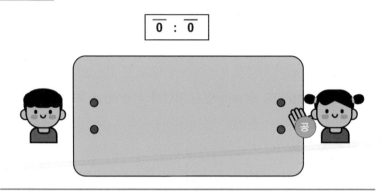

(1) 책상을 가운데 두고 두 명이 마주 서서 인사를 나눈다.
(2) 가위바위보를 해서 공격 순서를 정한다.

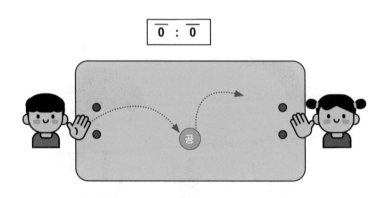

(3) 먼저 공격하는 사람이 책상에 탁구공을 던진다.
(4) 상대는 책상에 튕겨진 공이 바닥에 닿기 전에 잡는다.
(5) 탁구공이 바닥에 닿을 때까지 던지고 받기를 번갈아 한다.

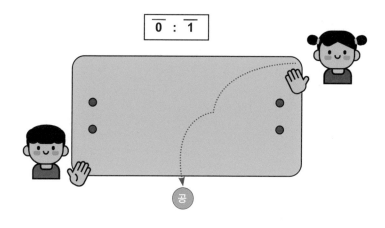

⑹ 공이 바닥에 떨어지면 공격을 시도한 사람이 1점을 얻는다.

⑺ 득점을 얻은 사람이 다시 게임을 시작한다.

주요 규칙

① 서브(게임 시작을 하는 첫 공격)는 상대가 준비된 후에 시도한다.

② 공이 없을 때(수비)는 자유롭게 이동하고, 공을 가진 후(공격)에는 제자리에서 공격을 시도할 수 있다.

③ 책상에 공이 튀긴 후에 공을 받을 수 있다.

④ 경기 중에 책상을 옮길 수 없다.

⑤ 상대가 공을 받을 때는 방해할 수 없다.

전술적 개념

① 상대가 받기 어렵게 공 보내기

② 공의 세기 조절하기

③ 상대의 예상 이용하기

① 공을 받기 위한 준비 자세와 스텝

② 힘 조절하여 공 던지기

③ 회전 걸어 공 던지기

3) 더 놀기

게임의 변형

① 인원수의 변형: 2:2로 복식 게임을 운영할 수 있다. 기본적인 규칙
은 단식 게임과 같다. 더 넓은 공간을 필요로 한다.

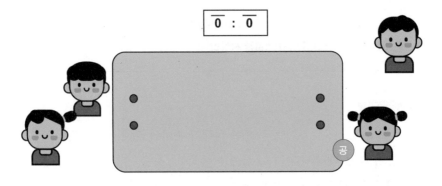

⑴ 2:2로 게임을 운영한다.

⑵ 팀에서 한 명씩 번갈아가며 공을 만질 수 있다.

⑶ 위치를 바꾸는 과정에서 소통과 약속이 중요하며 걸려 넘어지지 않도록 주
의한다.

② 도구의 변형: 공을 변경하거나 탁구라켓을 활용할 수 있다. 단, 라
켓을 사용할 경우 공을 반드시 밑에서 위로 쳐 올리는 스윙을 한다.

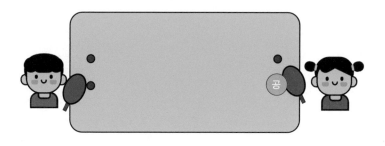

(1) 탁구 라켓으로 공을 치며 랠리를 한다.

(2) 랠리를 유지하기 위하여 라켓의 스윙은 밑에서 위쪽으로 이루어지도록 한다.

③ 책상의 수(크기)를 조절하여 운영할 수 있다.

잘하는 방법

① 서로 받기 좋게 공을 튕기고 받는 활동을 준비운동으로 실시한다.

② 공의 높이가 눈높이와 가까울수록 받기 수월해진다.

③ 두 손 바닥을 하늘을 향해 내밀어 떨어지는 공을 받도록 지도한다.

안전 및 유의사항

① 공을 앞 쪽으로 던지도록 하여 선수 간 충돌을 방지한다.

② 다른 경기장과 공간을 충분히 두어 충돌을 방지한다.

③ 사람을 향해 공을 세게 던지지 않도록 지도한다.

④ 책상에 얼굴을 너무 가까이 대지 않도록 한다.

놀이와 게임

학교 안 놀이 자습서!

2022년 12월 15일 초판 1쇄 발행

저자	김상목, 남윤제, 최정수, 서정봉, 이은명
교정·윤문	전병수

발행인	전병수
편집 디자인	배민정
표지 디자인	은희주

발행	도서출판 수류화개
	등록 제569−251002015000018호 (2015.3.4.)
	주소 세종시 한누리대로 312 노블비지니스타운 704호
	전화 044-905-2248
	팩스 02-6280-0258
	메일 waterflowerpress@naver.com
	홈페이지 http://blog.naver.com/waterflowerpress

값 18,000원
ISBN 979-11-92153-11-7(03370)